Frank Buchholz

Kräutergarten

Die 20 wichtigsten Küchenkräuter

Die Texte verfasste Jolanda Englbrecht
Fotos: Jan C. Brettschneider

2 in 1 – So funktioniert's

Sie schmökern gerade im Kräutergarten-Teil mit Tipps für den Anbau von allerlei aromatischem Grün. Wenn Sie ab der Mitte Kopf stehen, werden Sie zum Küchenprofi – dank trendiger Rezepte zu den selbst gezogenen würzigen Pflanzen!

Der Autor

Frank Buchholz wurde 1999 vom Gault Millau zum innovativsten Koch des Jahres gekürt. Er ist Kochduell-Star und Familienvater. Jolanda Englbrecht – ambitionierte Gärtnerin und Buchmacherin – verfasste die Texte zum Thema Kräutergarten.

Inhalt

Kräuter pflegen, Gärten gestalten

22 Kräuter im Porträt

Tabelle der 22 Kräuter

Jetzt umdrehen!

Kräuterküche

Register

Bezugsquellen

Die alte Gärtnerei
Maria Lucas
Tegernseer Landstr. 129
82024 Taufkirchen

Klee Gartencenter
Massener Str. 145
59423 Unna

Otzberg-Kräuter
Gewürzpflanzengärtnerei
Burghart Koch
Erich-Ollenhauer-Straße 87a
65187 Wiesbaden
Katalog gegen Schutzgebühr

Pflanzen Kölle
Goteboldstr. 9
81247 München

Syringa
Duft- und Würzkräuter
B. Dittrich, Dipl. Biol.
Bachstrasse 7
78247 Hilzingen-Binningen

Wichtige Hinweise

Einige der in diesem Buch aufgeführten Kräuter können bei sensiblen Personen Allergien auslösen oder sind für Schwangere oder Kleinkinder nicht geeignet. Bitte beachten Sie die entsprechenden Hinweise.

Alle Dünge- und Pflanzenschutzmittel, auch die biologischen, müssen unbedingt so aufbewahrt werden, dass sie für Kinder und Haustiere unerreichbar sind. Der Verzehr dieser Mittel kann zu gesundheitlichen Schäden führen. Außerdem dürfen sie nicht in die Augen gelangen.

DAS ORIGINAL · GU · MIT GARANTIE

Das Original mit Garantie

Ihre Meinung ist uns wichtig. Deshalb möchten wir Ihre Kritik, gerne aber auch Ihr Lob erfahren, um als führender Ratgeberverlag für Sie noch besser zu werden. Darum: Schreiben Sie uns! Wir freuen uns auf Ihre Post und wünschen Ihnen viel Spaß mit Ihrem GU-Ratgeber

Unsere Garantie: Sollte ein GU-Ratgeber einmal einen Fehler enthalten, schicken Sie uns das Buch mit einem kleinen Hinweis und der Quittung innerhalb von sechs Monaten nach dem Kauf zurück. Wir tauschen Ihnen den GU-Ratgeber gegen einen anderen zum gleichen oder ähnlichen Thema um.

Ihr Gräfe und Unzer Verlag
Redaktion Garten
Stichwort: Two in One
Postfach 86 03 66
D-81630 München
Fax: 089/41981-113
e-mail: leserservice@graefe-und-unzer.de

Die 5 Basics

für's Kräutergärtnern

Wenn Sie am Küchenfenster, auf der Terrasse, dem Balkon oder im Garten frische, kraftstrotzende und würzige Kräuter ziehen wollen, brauchen Sie nur wenige Grund-Utensilien. Um sich diese Ausrüstung zu besorgen, müssen Sie nur ein Mal in ein gutes Fachgeschäft gehen. Allerdings: Wenn Sie mit dem »Kräutergärtner-Virus« (sehr ansteckend!) infiziert werden, wird es wohl bei einem Besuch nicht bleiben ... Und dann gibt es ja noch Garten-Kataloge, die wunderbare Geräte und Samen anbieten – vieles ist bereits bequem im Internet zu bestellen.

ÜBRIGENS: Diese Grundausstattung kann natürlich ausgebaut werden. Es gibt ja so viele hübsche Utensilien, bei denen Sie sicher hin und wieder nicht widerstehen können. Sie erleichtern die Arbeit und sind heutzutage oft so hübsch, dass sie eine wahre Augenweide sind. Und wenn Sie dann wieder einige dekorative Gefäße angeschafft haben, brauchen Sie wieder frischen Samen ...

Erde

Pflanzen, die in kleinen Gefäßen gezogen werden, brauchen unbedingt »Kraftfutter« in Form von guter Erde. Sie soll Wasser und Nährstoffe gut speichern können und natürlich auch weder Unkraut noch schädliche Keime enthalten.

Deshalb besorgen Sie sich am besten im Fachgeschäft spezielle Erdmischungen für Topfpflanzen, die alles Nötige enthalten. Gut bewährt hat sich auch die so genannte Einheitserde.

Zum Säen gibt es spezielle Aussaaterden, die nicht gedüngt sind. Die Samen brauchen noch kein Kraftfutter, sie haben ihren Nährstoffvorrat unter der Schale (deshalb essen wir das eine oder andere Körnchen auch so gerne)! Die Kräuter im Garten hingegen werden hörbar »schmatzen«, wenn sie hin und wieder mit einer Handvoll Kompost verwöhnt werden!

ÜBRIGENS: Der Düngevorrat in den gekauften Substraten reicht nur für etwa vier bis sechs Wochen. Dann droht Ihren Kräutern die Magersucht! Düngen Sie etwa einmal die Woche mit einem handelsüblichen Flüssigdünger nach.

Gefäße

Noch nie war das Angebot an hübschen Gefäßen so groß wie heute. Längst gibt es nicht mehr nur schlichte, glatte Tontöpfe. Man findet kunstvoll verzierte Terrakottagefäße, glasierte Keramik, rustikale Holzgefäße, Tröge aus Sandstein (sehr »gewichtig«!), Kästen aus Eternit, natürlich auch Gefäße aus Kunststoff. Diese haben den Vorteil, dass sie sehr leicht und beständig sind.

Allerdings heißt es in solchen Gefäßen: Vorsicht mit dem Gießen! Aus ihnen verdunstet viel weniger Wasser und empfindliche Pflanzen wie Basilikum können rasch zu nass stehen und ihre zarten Wurzeln zu faulen beginnen.

Für alles Empfindliche sind Gefäße aus porösem Ton der Geheimtipp. Wenn Sie mehrjährige Kräuter im Winter in Gefäßen draußen lassen wollen, wählen Sie letztere kritisch aus: Sie müssen nämlich frostfest sein, sonst stehen Sie im Frühjahr vor einem Scherbenhaufen.

ÜBRIGENS: Zur Aussaat von Kräuter-Samen gibt es flache Saatkistchen oder -schalen, zum Teil auch mit Abdeckungen.

Samen

Achtung, auch beim Samenkauf besteht Suchtgefahr! Es gibt die wundervollsten Kräuter, oft noch in mehreren interessanten Sorten mit anderen Blatt- oder Blütenfarben.

Wichtig ist, dass die Samentütchen nicht vergammelt aussehen, denn viele Samen sind nur einige Jahre keimfähig. Oft haben die Tüten sogar ein Haltbarkeitsdatum aufgedruckt, das natürlich nicht bereits verfallen sein sollte.

Weiter finden Sie im »Kleingedruckten« meist Angaben über die Ansprüche des Krauts mit Tipps zur Anzucht und Kultur. Zu Hause lagern Sie die Samentütchen kühl und trocken, sonst könnten sie schimmeln oder faulen.

ÜBRIGENS: Bei fortgeschrittener »Kräutersucht« können Sie bald auch selbst Samen gewinnen. Bei Kapuzinerkresse zum Beispiel ist dies ganz einfach: Wenn sie reif sind, fallen sie vom Stängel ab. Trocknen Sie die Kügelchen noch nach und bewahren Sie sie bis zur Aussaat in einem Gefäß kühl und trocken auf. Beschriftung nicht vergessen!

Gießkanne

Gießkannen gibt es in vielen Materialien, Farben und Formen. Die klassischen Gartenkannen sind aus verzinktem Metall – schwer, aber unverwüstlich! Im Fachhandel finden sich auch kleinere Modelle, die für die Zimmergärtner ebenso in Frage kämen. Leicht und bunt, das sind die Kannen aus Kunststoff. Sie sind leicht überall einzusetzen, ob im Garten, auf Terrasse, Balkon und Fensterbrett. Für das Gießen im »Kräutergewirr« am Fenster ist eine Kanne mit langem, schmalen Gießrohr besonders praktisch.

Zum Angießen von frisch ausgesäten Gefäßen ist hingegen am besten eine Gießkanne mit feiner Brause geeignet. Wenn das Wasser dort zu kräftig hineinplatschen würde, verteilt sich nämlich die noch lockere Erde mitsamt den Samen auf die Umgebung!

ÜBRIGENS: Sprühflaschen lassen sich auch als praktisches Gärtner-Utensil einsetzen. Mit ihrer Hilfe können Sie Kräutern, die unter der Heizungsluft oder der Sommerhitze leiden, rasch und sanft etwas Abkühlung verschaffen.

Pflanzschaufel

Wer will sich schon unnötig plagen? Manchmal ist die Gartenerde etwas hart, da kann eine zweckmäßig geformte Pflanzschaufel gute Dienste leisten. Sie liegt perfekt in der Hand, und hebt fast ohne Mühe Pflanzlöcher aus – oder füllt Pflanzerde in größere Gefäße ein.

Schauen Sie sich vor dem Kauf etwas um, es gibt unterschiedliche Modelle und Qualitäten. Schön sind massive Ausführungen mit elegantem Holzgriff. Oft kommen diese aus England, dem Land mit der ausgeprägtesten Garten- und Geräte-Kultur. Vergessen Sie aber nicht, das gute Werkzeug nach dem Gebrauch wieder mit Wasser zu reinigen und gut trocknen zu lassen.

Den Winterschlaf können Sie Ihrem Utensil mit einer kleine Schönheitsmaske versüßen: Reiben Sie die Metallteile mit etwas Maschinenöl ein, dann wird die Schaufel den Frühling wieder blitzblank begrüßen!

ÜBRIGENS: Für Besitzer eines größeren Kräutergartens empfiehlt es sich, auch eine normale Gartenschaufel anzuschaffen.

Die Pflege von Kräutern und die Gestaltung von würzigen Gärten

Alles übers Säen, Pflanzen und Pflegen, das Kräutergärtnern am Fensterbrett, auf Balkon, Terrasse und im Garten – selbst in mobilen Beeten!

Kräuter säen, pflanzen und pflegen

Kapuzinerkresse hat die größten Samen im Kräuterreich.

Kräuter vermehren

Kräuter selbst heranziehen macht viel Spaß – und spart natürlich auch Geld. Vor allem einjährige Arten lassen sich problemlos aus Samen ziehen. Sie brauchen hierfür Saatgut, spezielle Anzuchterde und saubere Gefäße. Für die Aussaat von feinen Samen wie Petersilie gibt es flache Saatschalen. Zuerst mit Erde füllen, etwas andrücken. Säen Sie nun die Samen möglichst dünn aus. Die meisten wollen noch etwas mit Erde abgedeckt werden (Hinweise finden Sie auf der Samentüte). Große »Brummer« wie die Samen von Kapuzinerkresse können Sie gleich in Blumentöpfe stecken. Füllen Sie diese zuerst mit Erde, bohren Sie in die Mitte mit dem Finger ein Loch und legen Sie je 2 Samen hinein. Alle frischen Aussaaten werden dann vorsichtig mit feiner Brause angegossen und erhalten eine schützende, durchsichtige Abdeckung (Glas, Folie). Ideal zum Keimen ist eine Temperatur von 20 °C. Sobald die Keimblätter zu wachsen beginnen, kann die Abdeckung entfernt werden. Viele ausdauernde Arten wie Rosmarin und Salbei lassen sich besser über Stecklinge vermehren. Die beste Zeit hierfür sind das Frühjahr und der Spätsommer. Schneiden Sie hierfür mit einem scharfen Messer etwa fingerlange Triebspitzen, stecken Sie mehrere davon in einen mit feuchter Anzuchterde gefüllten Topf und decken Sie ihn mit einer Folienhaube ab. Stellen Sie den Topf zunächst in den Halbschatten, bis die Triebe erste Wurzeln geschlagen haben.

Kräuter richtig pflegen

Kräuter brauchen wie jede Pflanze Licht, genügend Wasser und »Kraftfutter« in der Erde. Wieviel Licht spezielle Arten mögen, finden Sie bei jedem Porträt erwähnt. Stellen Sie nach Möglichkeit nicht Sonnenanbeter in dunkle Ecken, es wird ihnen nicht gut bekommen!

Richtig gießen verlangt auch etwas Beobachtungsgabe. Fühlen Sie doch einfach mit den Fingern, ob sich die Erde trocken anfühlt. Ansonsten gilt die Regel: Wenn das Kraut bereits hängt – dann rennt zur Gießkanne! Gerade Pflanzen in Töpfen haben viel weniger Erde zur Verfügung, als ihre Kollegen im Garten. Deshalb ist es wichtig, sie vom Frühjahr bis August wöchentlich

Gut bedeckt und sanft begossen wollen die Samen sein.

1 In die Tonschale kommt unten als Drainage etwas Kies und dann wird eine erste Schicht Pflanzerde ausgebreitet.

2 Schnittlauch austopfen, in die Schale stellen. Oben etwa 2 cm Gießrand lassen. Basilikum neben den Schnittlauch stellen.

3 Rundum mit Erde auffüllen und vorsichtig gießen.

mit einem handelsüblichen Dünger aufzupäppeln. Aber auch die Kräuter im Garten sind dankbar für Energiebringer. Dort eignet sich vor allem nährstoffreicher Kompost, den Sie selbst herstellen oder kaufen können.

Umtopfen und pflanzen

Hin und wieder wird einem Kraut der Topf zu eng, die Wurzeln kommen dann schon unten zum Wasserabzugsloch heraus. Oder Sie wollen für den Balkon einen schönes Gefäß bepflanzen? Dann müssen Sie wissen, wie man eintopft. Sie brauchen zuerst ein neues Gefäß, das ausreichend Platz für die Kräuter bietet.

Legen Sie auf das Wasserabzugsloch einen Stein. Wenn das Gefäß im Regen stehen wird, kommt unten auch eine Drainageschicht Kies hinein. Füllen Sie darauf etwas Pflanzerde.

Holen Sie dann die Kräuter aus ihren alten Töpfen (eventuell kippen und Topfrand auf einen Tischrand schlagen, damit sich der Wurzelballen löst). Stellen Sie die Pflanzen so in das Gefäß, dass oben noch etwa 2 cm Gießrand bleiben.

Nun um den Wurzelballen mit frischer Erde auffüllen, alles sanft andrücken und kräftig gießen, schon ist bereits alles fertig!

Petersilie wird in ein ausreichend großes Pflanzloch gesetzt.

Wollen Sie einige Kräuter von ihrem engen Dasein in Töpfen erlösen? Das geht ganz einfach: Suchen Sie einen Platz im Garten und bereiten Sie ein für den Wurzelballen ausreichendes Pflanzloch vor. Mischen Sie als Kraftfutter noch etwas Kompost unter. Nun Kräutlein austopfen und hinein in das vorbereitete Loch.

Kräuter als »Fenstergucker«

Thymian oder auch Rosmarin fühlen sich in der Ampel wohl.

Gerade zur kalten Jahreszeit ist es praktisch, in der Wohnung am Fenster noch frische Kräuter zu ziehen, wenn draußen kaum noch etwas gedeiht. Wer aber überhaupt keinen Garten hat, muss dennoch nicht auf frisches Kräuteraroma aus eigener Zucht verzichten: Er kann das ganze Jahr über würzige Pflanzen am Fenster ziehen. Hier finden Sie einige neue Trends:

Alles Gute kommt von oben: Hängeampel

Ampeln werden Gefäße zum Aufhängen genannt, die vorwiegend aus Ton oder glasierter Keramik angeboten werden. Sie sind auf alle Fälle ein weitaus hübscherer Anblick als ihre Namensvettern an der Straße! Mit der Herrlichkeit ist es allerdings schnell vorbei, wenn das Gefäß zu Boden kracht. Deshalb sollten Sie zusammen mit der trendigen Ampel auch einen kräftigen Haken mit passendem Dübel erstehen. Dieser wird in der Decke befestigt und wird dem Gefäß sicheren Halt geben. Jetzt brauchen Sie nur noch die Ampel mit Ihrem Lieblingskraut – je nach Größe auch mehreren – bepflanzen (→ Seite 11), alles gut angießen und aufhängen. Übrigens: Im Fachhandel gibt es so genannte Pumpkannen speziell für das Gießen von Ampeln. Diese Gießgefäße haben eine Handpumpe, mit der Sie das Wasser über ein Rohr in die Ampel befördern können. Das erspart Ihnen nicht ganz ungefährliche »Turnübungen« auf dem Stuhl. Neben Thymian wird sich auch Rosmarin wohl in Ampeln fühlen. Von Rosmarin gibt es auch eine hängende Form, die dekorativ über die Ampel herabwächst. Auch Kapuzinerkresse mit ihren hängenden Trieben sieht dort super aus.

Im Regal am Fensterbrett finden viele verschiedene Kräuter Platz.

Ab in’s Regal: viel Platz für Kräuter

Warum sich nur mit einem Topf bescheiden, wenn man viel mehr haben könnte? An den meisten Fenstern ist Platz für ein Regal mit zwei bis vier Etagen, in denen vielerlei Küchenkräuter wie Schnittlauch, Petersilie, Salbei, Basilikum, Estragon, Lorbeer, Majoran, und Dufgeranien Platz finden können. Solche Regale gibt es aus Metall, Holz oder Kunststoff im Fachhandel. Sie können aber mit Hilfe von Ziegelsteinen und Brettchen leicht eines selbst bauen. Wichtig ist, dass die Konstruktion weder zusammenbrechen noch ins Zimmer kippen kann. Befestigen Sie sie nötigenfalls am Fensterrahmen. Stellen Sie dann die Kräuter Ihrer Wahl in das Regal. Verwenden Sie aber Töpfe mit Untersetzer oder Töpfe im Übertopf, damit es beim Gießen keine Überschwemmungen gibt.

Profi-Tipp

Kräuter, die noch viel Wildpflanzen-Charakter haben, wie Pfefferminze, Sauerampfer und Waldmeister, gedeihen im Zimmer nicht besonders gut. Sie können sie aber dennoch am Fensterbrett ziehen – nämlich draußen vor dem Fenster! Passen Sie aber auf, dass Ihr Kräutergarten bei Wind niemandem auf den Kopf fallen kann. Halten Sie deshalb im Fachhandel Ausschau nach schönen Haltevorrichtungen für Kästen oder auch für Töpfe, die einfach am Fensterrahmen montiert werden.

Standort Fensterbrett: »Dachrinne« & Co.

Die Form des Fensterbrettes schreit förmlich nach länglichen Gefäßen, die mit mehreren Kräutern bepflanzt werden können. Im Handel finden Sie eine Vielzahl davon: Aus Ton, glasierter Keramik, Metall im »Dachrinnenlook« oder Weide. Wie Sie ein solches Tongefäß bepflanzen, finden Sie auf Seite 11. Wenn Sie sich für einen Weidenkorb entscheiden, sollten Sie ihn vor dem Bepflanzen mit schwarzer Folie auslegen. Sonst kann es sein, dass Ihnen nach dem Gießen eine häßliche erdige Brühe über Fensterbrett und Wand läuft. Meist werden drei Kräuter in so einem Gefäß Platz finden. Sie können zum Beispiel Petersilie, Basilikum und Schnittlauch wählen. Oder Sie nehmen von Ihrem Favoriten zwei Pflanzen und eine weitere ebenfalls oft verwendete Art dazu.

Längliche Gefäße aus Metall, Ton oder auch Weide sind ideal fürs Fensterbrett.

Kräuterparadies Balkon und Terrasse

Etagere mit Schnittlauch, Thymian, Petersilie, Rosmarin und Fruchtsalbei.

Praktische Menschen ziehen ihre Kräuter möglichst nah bei der Küche, was liegt also näher, als auf Balkon oder Terrasse eine Ecke für diese aromareichen Pflanzen zu reservieren? Das erspart Gartenbesitzern weite Wege und eröffnet auch den »Gartenlosen« eine weitere dekorative Möglichkeit, Kräuter im Freien zu ziehen. Denn die hier gezeigten Gefäße und Accessoires sind voll im Trend und viele Kräuter können es an Schönheit auch mit den »nutzlosen« Zierpflanzen aufnehmen.

Etagenweise köstliches Aroma

Was fürs Fensterbrett recht war (→ Seite 12), ist für draußen billig: Etageren werden die praktischen und hübschen »Pflanzentreppen« aus Metall genannt, die gerade von England aus den Kontinent erobern und viele Kräutertöpfe aufnehmen können. Sie bekommen aber ebenso attraktive Konkurrenz aus Frankreich: Jardinieren heißen sie und sind eigentlich filigrane »Regale« für draußen, ebenfalls aus wetterfestem Metall. Es gibt sie von ganz modern bis antik, in verschiedensten Farben patiniert. Einige Modelle passen genau in eine Ecke und helfen so, bisher vernachlässigte Winkel optimal zu nutzen. Je nach Größe haben pro Etage 3–7 Töpfe Platz. Wählen Sie nach Möglichkeit keine tristen Einheits-Plastiktöpfe sondern liebevoll zusammengesuchte, individuelle Tontöpfe mit unterschiedlichsten Formen, Ton-Ornamenten, Bemalung oder hübscher Glasur. Im »Obergeschoss« kommen auch besonders große Exemplare noch unter. Hier können Sie ebenso hohe, kegel- oder urnenförmige Gefäße aufstellen, das gibt dem Arrangement noch den richtigen »Kick«!

Für mehr oder weniger begnadete Heimwerker

Zumindest aus Holz können Sie Jardinieren wie Etageren selber bauen. Am unkompliziertesten ist ein »Regal« aus gestapelten alten Obstkisten, das sich auch gerne an eine Wand des Hauses oder ans Geländer lehnt. Stellen Sie die Kisten immer mit dem Boden zur Wand auf, hübsch abwechselnd

Balkonkasten aus Metall mit Lorbeer und Thymian.

hochkant oder quer. Die Öffnungen bilden dann Fächer, die mit Kräutern passender Größe im Topf bestückt werden. Wenn Sie die Kisten unbehandelt lassen, bildet sie im Regen bald ein edler »Verwitterlook«. Sie können das Holz natürlich auch in modischen Farben streichen.
Wenn Sie drei verschieden breite und tiefe Kisten von etwa gleicher Höhe (15–20 cm) organisieren oder bauen können, haben Sie den Grundstock für eine Etagere. Die größte Kiste rücken Sie mit der Öffnung nach unten an eine Mauer. Darauf kommt ebenfalls mit der Öffnung nach unten und an die Mauer anschlagend die nächst kleinere. Dabei soll sich an drei Seiten ein »Stufenmaß« von etwa 15–20 cm ergeben, damit auch größere Kräutertöpfe darauf Platz haben. Die dritte Stufe bildet die kleinste Kiste, auf ihrem Boden finden auch hohe Gewächse Platz. Die Pflanzentreppe Marke Eigenbau können Sie ebenfalls natur lassen oder streichen.

Erdbeertopf mit vielerlei Kräutern wie Thymian, Salbei, Rosmarin Majoran und Thymian.

Balkonkasten einmal anders

Hier geht es weder um abgedroschene Plastikkästen noch um langweilige Balkongeranien: Wenn Sie sich ein bisschen umschauen, finden Sie auch hübsche Kästen aus Metall, Holz oder Keramik. Mit schönen Kräutern wie Lorbeer und Thymian bepflanzt, sind sie eine Augenweide. Wichtig ist aber, dass die Kästen gut befestigt sind, spezielle Halterungen gibt es im Fachhandel.

Konkurrenz für Erdbeeren

»Erdbeertopf« heißen die amphorenartigen Gefäße aus Terrakotta, die an den Seiten 9–11 Öffnungen besitzen, in die ebenfalls Pflanzen gesetzt werden können. Es steht nirgends geschrieben, dass das nicht auch Kräuter sein dürfen! Hohe Pflanzen wie Rosmarin, Salbei oder Estragon kommen oben in die große Öffnung, kleinere oder überhängend wachsende wie Majoran, Thymian und Schnittlauch in die seitlichen. Das Bepflanzen geht wie auf Seite 11 beschrieben. Wenn nötig, müssen Sie die Wurzelballen der Pflanzen etwas lockern, damit sie auch in die seitlichen Öffnungen passen. Neben dem Erdbeertopf – der manchmal auch ganz edel als Taschenamphore angeboten wird – gibt es im trendigen Garten-Shop oder beim Töpfer vielerlei phantasievolle Gefäße, die sich wunderbar mit Kräutern bepflanzen lassen. Da wächst dann über einem tönernen Menschengesicht ein lustiger »Haarschopf« aus würzigem Thymian oder aus einer Keramik-Schnecke schlängeln sich die Triebe des Thymians.

Der mobile Kräutergarten

Kräuter-Hochbeet in der Weinkiste mit Schnittlauch, Thymian, Salbei, Petersilie und Lorbeer.

Auch im Garten gibt es ständig neue Trends und es ist ultraout, sich jahrelang das gleiche eintönige Beet samt monotoner Rasenfläche anzuschauen. Veränderung ist angesagt und deshalb können Sie die hier folgenden Beispiele jedes Jahr an einem anderen Ort neu gestalten, kombinieren und mit verschiedenen Arten bepflanzen. Das fertige Hochbeet dürfen Sie sogar ganz nach Lust, Laune und Witterung immer wieder an verschiedenen Plätzen im Garten aufstellen.

Hochbeet vom Weinmarkt

Hoffentlich gibt das keine beschwipsten Kräuter! Aber vielleicht haben auch Sie eine Weinkiste, die zu schön ist zum Wegwerfen? Wenn der Holzboden keine Ritzen aufweist, sollten Sie zwei Wasserabzugslöcher von mindestens 2 cm Ø hineinbohren oder -schneiden. Ein Heimwerker im Bekanntenkreis weiß hier sicher Rat. Dann können Sie die Kiste mit guter Erde füllen und Ihre Lieblingskräuter darin pflanzen. Bei uns sind das Schnittlauch, Petersilie, Thymian, Salbei und Lorbeer. Das mobile Hochbeet ist sehr praktisch, denn vor den ersten Frösten können Sie es in einen schützenden Raum bringen und noch lange weiterernten. Im Wintergarten überdauert es problemlos den ganzen Winter.

Kräuter-Füllhorn

Diese Pflanzung wirkt sehr erheiternd – kein Wunder, denn sie sieht auch etwas angeheitert aus! Sie ist im Prinzip die Mini-Ausgabe einer Kräuterspirale, wie sie in großen Gärten zu finden ist. Sie brauchen

Profi-Tipp

Für das Hochbeet können Sie auch eine Obst- oder Gemüsekiste nehmen. Bei ihnen sind zwischen den Latten jedoch meist mehrere Zentimeter breite Spalten. Damit die lockere Erde aber nicht schon beim ersten kräftigen Wasserguss zwischen den Latten herausquillt, sollten Sie vor dem Einfüllen der Erde die Kiste mit einem groben wasserdurchlässigen Gewebe wie Sackleinen oder einem engmaschigen Kunststoffnetz auslegen. Tackern Sie die Enden des Stoffes innen an den oberen Latten gut fest.

Die gekippte Schale wird mit Erde fixiert und das Pflanzbeet für die Kräuter vorbereitet.

dafür eine Ton- oder Terrakottaschale von mindestens 30 cm Ø, Erde und vielerlei Kräuter Ihrer Wahl. Heben Sie im Garten – am besten in einem Beet – eine flache Mulde aus, in der die Schale mit schräg nach oben zeigender Öffnung Platz findet. Nötigenfalls fixieren Sie die Schale, indem sie hinten Steine unterlegen. Füllen Sie nun mindestens 10 cm hoch Erde in die Schale und verteilen Sie die Erde leicht abfallend auch noch vor und seitlich von ihr. Sie soll an einen herausquellenden Strom erinnern. Jetzt können Sie die Kräuter in die Erde setzen. An der höchsten Stelle und im Schutz der Schale fühlen sich mediterrane Arten wie Rosmarin, Thymian und Salbei am wohlsten. Alternativ können Sie anstatt der Schale auch einen großen Kübel aus imprägniertem Holz nehmen.

Das mit Kräutern fertig bepflanzte »Füllhorn«.

Mini-Steingarten

Ein Steingarten muss nicht aufwändig gestaltet werden. Es genügen dafür zwei Findlinge, die von Hand noch leicht zu transportieren sind. Arrangieren Sie die zwei dekorativ in einem Beet und pflanzen Sie wärmeliebende Arten wie Lavendel, Rosmarin und Thymian um die Steine. Sie schätzen es, dass die Felsen die Wärme der Sonnenstrahlen speichern und abends langsam wieder abgeben. Natürlich können Sie je nach Platz noch ein paar Steine und Kräuter mehr dazu setzen und vielleicht auch eine schöne Figur dazustellen. Wählen Sie ganz nach Lust und Laune Steine aus der Umgebung oder auch solche, die Sie aus dem Urlaub mitgebracht haben. Dann können Sie nicht nur in Aromen, sondern auch in schönen Erinnerungen schwelgen.

Mini-Steingarten mit Lavendel, Rosmarin und Thymian.

22 Kräuter im Porträt

Hier finden Sie in alphabetischer Reihenfolge alle Kräuter aufgeführt. Mit Tipps zu ihren Ansprüchen, zu Pflege, Ernte und Verwendung.

Basilikum

Ocimum basilicum

STANDORT: Sonne
BODEN: Nahrhaft
PFLEGE: Erde nicht austrocknen lassen
ERNTEZEIT: Mai–Oktober
VERWENDUNG: Frisch, eingefroren
VERWENDBARE TEILE: Blätter
PASST GUT ZU: Salat, Tomaten

Basilikum, das Würzige

Reiben Sie doch einmal ein Basilikum-Blatt zwischen den Fingern und genießen Sie diesen pfeffrig-süßen, aromatischen Geschmack! Den kräftigsten Duft entwickeln die smaragdgrünen, kleinblättrigen Sorten, die auch sehr gut auf dem Fensterbrett zu ziehen sind. Sorten mit großen Blättern bringen immer noch ein gutes Aroma und sind ideal für alle mit großem Basilikum-Appetit (Rezept ↻ Seite 20).
Basilikum zählt zu den Lichtkeimern, deshalb brauchen die Samen nach der Aussaat nicht mit Erde bedeckt zu werden. Ins Freie dürfen die frostempfindlichen Pflanzen erst nach den Eisheiligen und in verregneten Sommern ziehen sie einen trockenen Platz auf Balkon oder Fensterbrett vor. An heißen Tagen hingegen brauchen sie reichlich Wasser. Sie gehören zu den wenigen Pflanzen, die sogar eine »kalte Dusche« während der Mittagshitze genießen! Holen Sie im Herbst vor den ersten Frösten einige Pflanzen ins Haus, damit Sie noch lange die würzigen Blätter ernten können.

Rot und wild: Die Verwandtschaft

Man könnte fast basilikumsüchtig werden: Von der Trend-Pflanze werden inzwischen rund 25 Arten und Sorten angeboten! Relativ bekannt ist die rotblättrige ägyptische Sorte 'Rubin', von der es eine krausblättrige Variante 'Purple Ruffles' gibt. Mit den grünblättrigen Formen können Sie fast eine Weltreise machen: Es gibt sie aus Genua, Neapel, Sizilien, Griechenland, der Provence, Spanien (Nelkengeschmack), Persien (Anisgeschmack), Indien, Ostindien, Thailand (Anisgeschmack) und Kuba. Außerdem werden noch Zimt- und Zitronenbasilikum angeboten. Unser gewöhnliches grünes und besonders das Spanische Basilikum können übrigens sehr gut Insekten fernhalten, sind also ideal für Fensterbrett, Balkon und Terrasse!

Estragon

Artemisia dracunculus

STANDORT: Sonne
BODEN: Feucht
PFLEGE: Braucht in rauen Lagen Winterschutz
ERNTEZEIT: Mai–Oktober
VERWENDUNG: Frisch
VERWENDBARE TEILE: Blätter, Triebe
PASST GUT ZU: Fisch, Salat

Estragon, das Schlangenkraut

Seine Triebe »schlängeln« sich tatsächlich etwas, aber er hat bestimmt nichts Bedrohliches an sich. Im Gegenteil: Sein frischwürziger, bittersüßer Geschmack ist unvergleichlich (Rezept ↻ Seite 23). Es gibt zwei Formen des Estragons: Der robuste Russische kann ausgesät werden, sein Geschmack ist aber auch derber. Feiner schmeckt der Französische Estragon, der aber nur durch Wurzelausläufer vermehrt werden kann.

Kapuzinerkresse

Tropaeolum majus

STANDORT: Sonne
BODEN: Feucht, lehmhaltig
PFLEGE: Kletternde Sorten brauchen eine Stütze
ERNTEZEIT: Mai–November
VERWENDUNG: Frisch
VERWENDBARE TEILE: Junge Blätter, Blüten, unreife Samen
PASST GUT ZU: Salat, Dessert

Elegante Kletterkünstlerin

Sie ist nicht nur eine Augenweide, sondern auch essbar! Die jungen Blätter haben einen pfeffrigen Geschmack ähnlich der Gartenkresse (Porträt → Seite 26, Rezept ↻ Seite 26). Die Blüten sind eine essbare Dekoration für Süßspeisen – und die in Salz und Essig eingelegten Samen ähneln Kapern. Die frostempfindliche Pflanze darf erst ab Mitte Mai ins Freie. Es gibt kletternde und kompakt wachsende Sorten.

Knoblauch

Allium sativum

STANDORT: Sonne
BODEN: Nährstoffreich, lehmhaltig
PFLEGE: Rückschnitt im Frühjahr
ERNTEZEIT: August–September
VERWENDUNG: Frisch, gelagert
VERWENDBARE TEILE: Knolle
PASST GUT ZU: Gemüse, Fleisch, Salat

Knoblauch macht einsam??

An seinem Geschmack und den »Nachwirkungen« scheiden sich die Geister. Aber er ist fast unverzichtbar in der Wellness-Küche (Rezepte Seite 24, 32, 39) – und wenn alle zusammen Knoblauch essen, kann von Einsamkeit auch keine Rede mehr sein. Im August gesteckte Zehen bringen bis zum nächsten Sommer größere Knollen hervor als die im Frühjahr gesteckten, die erst im Herbst geerntet werden.

Smarte Gärtner, dicke Knollen

Wenn Sie besonders dicke Knollen ernten wollen: Stecken Sie den milden Riesenknoblauch (*Allium ampeloprasum* 'Elephant').

Koriander

Coriandrum sativum

Würze des Orients

Wussten Sie, dass Korianderblätter weltweit das am häufigsten verwendete Gewürz sind? Vor allem in Asien und Indien ist Koriander für Suppen und Eintöpfe außerordentlich beliebt. Wenn Sie bisher noch keinen frischen Koriander verwendet haben, fangen Sie erst einmal in kleineren Dosen an, um sich an den typischen Geschmack zu gewöhnen.

Von der Wanze bis zum Parfüm

Der Volksmund hat der Pflanze auch den Namen »Wanzendill« verpasst, weil das frische Kraut etwas unangenehm riecht. An dem eigenartig-aromatischen Aroma kann man aber durchaus Gefallen finden (Rezept ↻ Seite 25, 29). Und das ätherische Öl des Korianders wird sogar zur Parfümherstellung verwendet! Koriander-Samen sind eine beliebte Zutat zur jährlichen Weihnachtsbäckerei, kommen in Frankfurter Würstchen, würzen Schweinebraten, Gurke, Rote Bete, Apple Pie und sind Bestandteil von Kräuterlikören und einigen Currypulvern.

STANDORT: Sonne
BODEN: Locker, kalkhaltig
PFLEGE: Boden regelmäßig auflockern
ERNTEZEIT: Mai–September
VERWENDUNG: Frische Blätter, getrocknete Samen
VERWENDBARE TEILE: Blätter, Samen
PASST GUT ZU: Suppe, Salat

Profi-Tipp

Wenn Sie Koriander nur wegen der Blätter anbauen, sollten Sie einen halbschattigen Standort wählen. Die Pflanzen blühen dann nicht so schnell. Ein ähnliches Aroma haben übrigens auch die Blätter von Culentro *(Eryngium foetidum)*.

Koriander-Kultur, leicht gemacht

Im Freien wird Koriander ab April 1 cm tief in Rillen gesät. Am Fensterbrett kann er schon im März angebaut werden. Sobald die Pflanzen kräftig genug sind, dürfen Sie schon einige Blätter ernten. Die weiß-rosa Blütendolden erscheinen im Juni/Juli, im August/September entwickeln sich die kugeligen Samen. Sie werden geerntet, sobald sie sich braun färben und nicht mehr unangenehm riechen.

Kresse und Brunnenkresse

Lepidium sativum und Nasturtium officinalis

STANDORT: Sonne-Halbschatten
BODEN: Feucht, humusreich
PFLEGE: Regelmäßig Pflanzen nachziehen
ERNTEZEIT: Mai–November
VERWENDUNG: Frisch
VERWENDBARE TEILE: Blätter, Triebspitzen
PASST GUT ZU: Fisch, Salaten

Wasserliebende Brunnenkresse

Sie ist mehrjährig und wintergrün, behält also ihre Blätter den ganzen Winter. Sie lässt sich gut im Halbschatten in wasserdichten Schalen oder Kästen ziehen, die Erde dabei immer gut feucht und locker halten. Die Triebspitzen schmecken angenehm scharf und bitter (Rezept ↻ Seite 26), sie werden bis Mai geerntet, solange die weißen Blüten noch nicht erscheinen.

Unermüdliche Gartenkresse

Gartenkresse ist eine anspruchslose einjährige Pflanze und mit einer sehr kurzen Kulturzeit von 10 Tagen die »Sprinterin« unter den Kräutern. Am Fensterbrett kann sie das ganze Jahr über ausgesät werden, im Garten von März bis September. Im Haus wird sie auch ohne Erde nur auf feuchtem Zellstoff gezogen, so ist kein Waschen nötig. Schon wenn die Pflänzchen etwa 7 cm hoch sind, können Sie für Salate oder Saucen verwendet werden (Rezept ↻ Seite 26). Es gibt Sorten mit einfachen und krausen Blättern. Wenn Sie die Pflanzen nicht jung verspeisen, erscheinen im Juli/August weiß-rötliche Blüten. Die Blätter schmecken dann sehr viel schärfer. Im Fachhandel ist auch eine ausdauernde, großblättrige Art *(Lepidium latifolium)* erhältlich.

Lavendel

Lavandula angustifolia

Duft der Provence

Der sonnenverwöhnte, immergrüne Zwergstrauch ist ganz schön anpassungsfähig: Schon zu Beginn des letzten Jahrtausends brachten ihn Mönche aus dem milden Mittelmeerraum in den rauen Norden – und die ungewöhnlich zähe Pflanze ist inzwischen bei uns weitgehend frosthart! Nur in ganz kalten Wintern ist es besser, die Pflanze mit Reisig abzudecken.

Lavendel hat sehr feine Samen, die ab März an der Fensterbank ausgesät werden können. Einfacher ist es natürlich, eine vorgezogene, kräftige Pflanze zu kaufen. Sie blüht auch im Gegensatz zu den Sämlingen noch im gleichen Jahr. Trauen Sie sich nach der Blüte an einen kräftigen Rückschnitt, damit die Pflanze schön buschig wächst.

Blüten auch für die Schönheit

Lavendel wird hauptsächlich wegen der duftenden Blüten angebaut. Sie können Geflügel ein köstliches Arma verleihen (Rezept Seite 29). Getrocknet dienen sie als Füllung für Duftkissen (vertreibt Motten) oder als entspannender Badezusatz. Das aus ihnen gewonnene Lavendelöl hilft bei Nervosität und wird auch in der Parfümherstellung verwendet.

STANDORT: Sonne
BODEN: Trocken, kalkhaltig
PFLEGE: Nach der Blüte zurückschneiden
ERNTEZEIT: Mai–September
VERWENDUNG: Frisch, getrocknet
VERWENDBARE TEILE: Junge Triebe, Blüten
PASST GUT ZU: Geflügel, Desserts

7

Lorbeer

Laurus nobilis

STANDORT: Sonne-Halbschatten
BODEN: Feucht, lehmhaltig
PFLEGE: In einem hellen, kühlen Raum überwintern
ERNTEZEIT: Mai–November
VERWENDUNG: Frisch, getrocknet
VERWENDBARE TEILE: Blätter, TRIEBE
PASST GUT ZU: Fleisch, Gemüse

Lorbeer, der Siegreiche

Aus den glänzenden, dunkelgrünen, ledrigen Blättern des Lorbeerbaums wurde einst den siegreichen römischen Feldherrn der Ruhmeskranz gewunden. Heute sind sie nur noch Bestandteil von ruhmreichen Rezepten (Seite 30) sowie des klassischen »Bouquet garni«, des Kräutersträußchens für Suppen.
Das Gehölz verträgt lediglich Fröste bis maximal -10 °C und läßt sich daher bei uns nur als Kübelpflanze ziehen. Überwintern Sie Lorbeer in einem hellen, kühlen Raum bei Temperaturen von 6–10 °C. Während der Wachstumszeit darf sein Wurzelballen nie völlig austrocknen, sonst bekommen Sie mehr Lorbeerblätter, als Ihnen lieb ist: Die Pflanze lässt dann nämlich gerne alle Blätter fallen! Düngen Sie Lorbeer bis August wöchentlich, damit er ein Prachtkerl wird! Umtopfen sollten sie ihn aber so selten als möglich, das schätzt er weniger. Vermehren können Sie Lorbeer im August/September durch Stecklinge, dazu braucht es jedoch etwas Geduld. Einfacher ist es, sich ein kleines Lorbeerbäumchen zu kaufen.

Aus dem Blumentopf in den Kochtopf

So taufrisch wie aus Ihrem Küchengarten können Sie die Lorbeerblätter kaum irgendwo bekommen. Frische Blätter besitzen ein viel feineres Aroma als getrocknete, am besten sind die zwei- bis dreijährigen. Wenn der Lorbeer zu groß wird, können Sie ihn im März zurückschneiden – und praktischerweise die dabei anfallenden Blätter gleich trocknen. Vielleicht schneiden Sie die Krone auch in Kugelform zu? Solche Kugelbäume sind sehr beliebt und flankieren oft den Hauseingang. Getrocknete Blätter behalten übrigens ihren Geschmack nur etwa ein Jahr.

Majoran

Origanum majorana

STANDORT: Sonne
BODEN: Durchlässig
PFLEGE: Regelmäßig Boden lockern
ERNTEZEIT: Juni–September
VERWENDUNG: Frisch, getrocknet
VERWENDBARE TEILE: Blätter, Triebe
PASST GUT ZU: Fleisch, Wurst

Majoran, ein haariger Genosse

Haben Sie schon einmal die kleinen, eiförmigen Blätter des Majorans näher betrachtet? Sie sind ganz dicht graufilzig behaart. Trotz dieses »dicken Pelzes« ist die eigentlich ausdauernde Pflanze bei uns aber meist nicht winterhart und erfriert. Holen Sie einfach vor den ersten Frösten noch einige kräftige Pflanzen ins Haus und stellen Sie sie zur weiteren Ernte (Rezept Seite 30) an ein helles Fenster.

Aroma pur und selbst gezogen

Majoran zählt zu den seltenen Lichtkeimern. Die Anzucht aus Samen lohnt sich aber nur, wenn Sie sehr viele Pflanzen brauchen. Einfacher ist der Kauf von 1–2 Pflanzen, die jedoch erst Ende Mai ins Freie dürfen. Sie gedeihen auch gut in Gefäßen. Lassen Sie die jungen Stöcke nicht austrocknen. Ältere Semester sind dann robuster und gegen Trockenheit nicht mehr so empfindlich.

Orangenduftgeranie

Pelargonium-Arten

10

STANDORT: Sonne
BODEN: Trocken, neutral
PFLEGE: Im Haus überwintern
ERNTEZEIT: Mai–Oktober
VERWENDUNG: Frisch
VERWENDBARE TEILE: Blätter, abgezupfte Blüten
PASST GUT ZU: Gemüse, Desserts

Duft sizilianischer Orangen

Sie können zwischen mehreren Arten und Sorten von Duftgeranien wählen, die ein Zitrusfrüchte-Aroma entwickeln (→ Seite 44). Die Blätter von 'Mabel Grey' oder 'Prince of Orange' enthalten das schwere Aroma von Orangen (Rezept ↻ Seite 31). Sie sind wärmeliebend und unser Winter behagt ihnen gar nicht. Deshalb sollten sie vor den ersten Frösten an einen hellen kühlen Platz im Haus gebracht werden.

Der Weg zu rosa Blüten

Die erste Pflanze dieser seltenen Sorten werden Sie nur in gut sortierten Gärtnereien bekommen. Vermehren können Sie die Aromabündel vom Frühsommer bis zum Herbst durch Stecklinge. Ab Juni erscheinen dann die mittelgroßen, rosa Blüten mit zarten »Saftmalen« (kleinen Flecken). Ältere Pflanzen können bis 60 cm Höhe erreichen, vertragen aber gut einen kräftigen Rückschnitt.

Oregano

Origanum vulgare

STANDORT: Sonne
BODEN: Trocken, leicht
PFLEGE: In rauen Lagen Winterschutz geben
ERNTEZEIT: Mai–September
VERWENDUNG: Frisch, getrocknet
VERWENDBARE TEILE: Blätter, Triebe
PASST GUT ZU: Pizza, Fleisch

Sonnenwärme dringend gesucht

11

Oregano ist der wilde Vetter des Majoran (→ Seite 30) und wächst am liebsten dort, wo es trocken, sonnig und so warm wie möglich ist. Trotzdem ist er bei uns meist winterhart, nur in sehr rauen Lagen ist ein Frostschutz durch Reisig nötig. Wenn Sie im August oder September von einer ausgewachsenen Pflanze ein Wurzelstück mit jungen Trieben abteilen und in einen Topf setzen, wird es sich bald zu einer buschigen Pflanze entwickeln. Stellen Sie sie ab Oktober ans Küchenfenster, damit Sie immer dann frischen Oregano zur Hand haben, wenn Sie ihn gerade brauchen (Rezept ↻ Seite 32). Abgeerntete Töpfe können Sie einfach in Keller oder Garage kühl und dunkel überwintern.

Blühende Aromabüschel

Während andere Kräuter zur Blüte ihren Geschmack oft ungünstig verändern, hat der Oregano hier seinen ganz eigenen Kopf: Zur Blütezeit ab Juli ist sein herbwürziges Aroma am intensivsten! Wenn Sie Oregano trocknen wollen, ist jetzt die beste Zeit. Frische Triebe und Blättchen können Sie aber selbstverständlich vom Frühjahr bis zum Herbst ernten.
Oregano wird ab April auf der Fensterbank und ab Mai im Freien gesät. Einfacher ist es aber, Jungpflanzen zu kaufen, da 1–2 Pflanzen pro Haushalt meist genügen. Wo es Oregano gefällt, kann er sich zu recht kräftigen, bis 60 cm hohen Büschen entwickeln, die mit ihren üppigen rosa Blütenbüscheln recht dekorativ wirken.

Petersilie

Petroselinum crispum

Spät, aber sie kommt

Petersilie wird Sie ganz schön auf die Folter spannen: Nach der Aussaat werden 4–5 Wochen vergehen, bis Sie die ersten Keimlinge sehen. Die Engländer sagen, dass Petersilie vor der Keimung sieben Mal zum Teufel gehen müsse und zurück und außerdem nur dann keime, wenn die Frau »der Herr im Haus sei« … Säen können Sie ab Mitte März bis Juli in Reihen etwa 2 cm tief entweder direkt ins Beet oder in einen Kasten. Im Garten werden zur Markierung gerne Radieschen-Samen untergemischt, die rasch keimen und dann die Reihen anzeigen. Übrigens verträgt sich Petersilie nicht mit sich selbst und sollte immer an einem anderen Platz gesät werden.

Krausblättrige Verwandtschaft

Es gibt glatte und krause Petersilie sowie Wurzelpetersilie. Das intensivste Aroma haben die glattblättrigen Formen (Rezept Seite 34). Krause Petersilie ist nicht ganz so geschmackvoll, sieht aber attraktiver aus. Am besten, Sie ziehen ein »gemischtes Doppel«, im Topf sind beide Formen fast das ganze Jahr über erhältlich. Wurzelpetersilie bildet eine fleischige, helle, aromatische Wurzel aus. Petersilie kann überwintern, sobald sich aber im nächsten Jahr Blüten bilden, wird sie ungenießbar.

STANDORT: Sonne-Halbschatten
BODEN: Feucht nährstoffreich
PFLEGE: Regelmäßig hacken und gießen
ERNTEZEIT: April–November
VERWENDUNG: Frisch, getrocknet
VERWENDBARE TEILE: Blätter
PASST GUT ZU: Fisch, Gemüse

Pfefferminze

Mentha x piperita

Pflanze mit Ausbreitungsdrang

Es ist leicht, sie herzukriegen – aber ihrer Herr zu werden, ist ein anderes Kapitel. Ein bewährtes Mittel gegen den Ausbreitungsdrang der Pfefferminze ist es, sie in einem Gefäß ohne Boden (zum Beispiel einem alten Zinkeimer) in die Erde zu setzen. Alternativ zieht man sie gleich in einem geräumigen Topf oder Kübel. So gedeiht sie auch auf Balkon und Fensterbank.

Teilen und würzen

Die Pfefferminze lässt sich nur durch Teilung vermehren, weil sie als Kreuzung von verschiedenen Arten ein unfruchtbarer »Bastard« ist. Jungpflanzen sollten nicht austrocknen, ältere Pflanzen vertragen Trockenheit besser. Das feinste Aroma für die Küche haben junge Blätter und Triebspitzen, die laufend gepflückt werden können (Rezept Seite 36). Ab Juli erscheinen die hübschen rosa bis violetten Blüten in Scheinähren. Zum Trocknen können die ganzen Triebe einmal kurz vor der Blüte und dann noch einmal im Spätsommer geschnitten werden. Häufiges Ernten bremst dazu den Ausbreitungsdrang.

STANDORT: Sonne-Halbschatten
BODEN: HUMOS, lehmhaltig
PFLEGE: In rauen Lagen Frostschutz geben
ERNTEZEIT: Mai–Oktober
VERWENDUNG: Frisch, getrocknet
VERWENDBARE TEILE: Blätter, ganze Triebe
PASST GUT ZU: Fleisch, Desserts

Profi-Tipp

Die Minzenfamilie ist groß, vor allem für Balkongärtner ist viel dabei: Orangenminze *(Mentha* x *piperita* var. *citrata)*, Ananasminze *(Mentha suaveolens* 'Variegata') und Bananenminze *(Mentha arvensis* 'Banana').

Menthol & Co.

Minze wird nicht nur als Gewürz eingesetzt, sondern weitaus häufiger als Wellness-Kraut. Sie enthält ätherische Öle, vor allem Menthol, und Gerbstoffe, die besonders das Verdauungssystem beeinflussen. Sie hilft bei Übelkeit und nervösem Darm und natürlich bei Erkältungen. Allerdings kann ein Übermaß zu Reizungen führen – und besonders Kinder vertragen Pfefferminze schlecht.

Rosmarin

Rosmarinus officinalis

STANDORT: Sonne

BODEN: Trocken, humos

PFLEGE: Im Haus überwintern

ERNTEZEIT: Mai–Oktober

VERWENDUNG: Frisch, getrocknet

VERWENDBARE TEILE: Blätter, Triebe

PASST GUT ZU: Lamm, Gemüse

Rosmarin, der Belebende

Die 72jährige Königin Isabella von Ungarn soll im 14. Jahrhundert durch »ungarisches Wasser« (Rosmarinspitzen in Alkohol) wieder so in Schönheit erblüht sein, dass ihr der Kollege von Polen prompt einen Heiratsantrag machte … Tatsache ist, dass Rosmarin stark erfrischend wirkt, als Gewürz (Rezept ⟳ Seite 36) wie auch als belebendes Bad am Morgen. Nur Schwangere sollten ihn mit Vorsicht genießen.

Duftende Nadeln, lila Blüten

Der immergrüne Zwergstrauch ist frostempfindlich, holen Sie ihn deshalb rechtzeitig ins Haus und bringen Sie ihn erst wieder ab Mitte Mai ins Freie. Die Blüten können lila, rosa oder weiß sein und erscheinen schon ab März bis Juli. Als Gewürz dienen die Blätter, die entweder fein gemahlen oder als ganzer Zweig mitgekocht und dann wieder herausgenommen werden.

Rucola

Eruca sativa ssp. sativa

STANDORT: Sonne-Halbschatten
BODEN: Trocken, humos
PFLEGE: Nur mäßig gießen
ERNTEZEIT: Mai–Oktober
VERWENDUNG: Frisch
VERWENDBARE TEILE: Blätter
PASST GUT ZU: Saucen, Salat

»Rauke« Gesellen

Vermutlich zählen Sie Rucola zu den Salaten – sie wird ja auch Salatrauke genannt? Sie kann aber dank ihres pikanten Geschmacks auch zum Würzen (Rezept ⟳ Seite 39) verwendet werden. Im Kommen ist gerade die großblättrige italienische Sorte 'Rucola da Orto', die angenehm nussig schmeckt und der eine anregende Wirkung auf das Liebesleben nachgesagt wird.

Salat und Kraut

Das einjährige Kraut kann von April bis September ausgesät werden und schon 3–5 Wochen später sind die ersten Blätter erntereif. Sie können dann immer einzelne zarte Blätter abpflücken. Die Pflanzen stellen wenig Ansprüche, sie wollen nur nicht zu nass stehen. Kurz vor der Blüte wird dann die ganze Pflanze abgeschnitten und für Sauce oder Salat verwendet.

Salbei und Fruchtsalbei

Salvia officinalis und S. dorisiana

STANDORT: Sonne
BODEN: Trocken, kalkhaltig
PFLEGE: Rückschnitt im Frühjahr
ERNTEZEIT: Mai–November
VERWENDUNG: Frisch, getrocknet
VERWENDBARE TEILE: Blätter, ganze Triebe
PASST GUT ZU: Fleisch, Fisch

16

Salbei, ein Sonnenkind

Die Pflanze mit dem zartbitteren Aroma stammt aus dem Mittelmeerraum – kein Wunder, dass sie hier sonnige und trockene Plätze bevorzugt. Salbei wird bis zu 50 cm hoch und blüht üppig in Blauviolett oder Weiß. Harte Winter setzen ihm zu und viele der wintergrünen Triebe erfrieren. Aber der Salbei ist unverwüstlich: Wenn Sie das Erfrorene abschneiden, treibt er von unten wieder neu aus! Auch nach milden Wintern empfiehlt sich, die Pflanzen jedes Jahr um die Hälfte zurückzuschneiden, weil die Triebe sonst sehr verholzen und die Anzahl der aromatischen Blätter – wegen der wir ja vor allem den Salbei ziehen – stark abnimmt. Wenn Sie ältere Stöcke alle drei bis vier Jahre teilen, haben Sie immer junge, fitte Pflanzen im Kräutergarten (Rezept Seite 42). Sie können Salbei natürlich auch im März im Haus oder im Mai im Garten aussäen, es dauert aber lange, bis Sie kräftige Pflanzen bekommen. Zum Trocknen werden Blätter und Triebspitzen kurz vor der Blüte im Juni geerntet, weil sie dann am würzigsten sind.

Bunte Salbei-Verwandtschaft

Salbei gibt es in vielen Varianten, vielleicht ziehen Sie sich gleich ein kleines Sortiment heran? Die Sorte 'Purpurascens' hat rote und 'Icterina' gelbbunte Blätter. 'Tricolor' prunkt sogar in Weiß, Rotviolett und Grün. Auch nicht frostfeste Vettern gibt es, die im Haus überwintert werden müssen: Fruchtsalbei (→ links, Rezept Seite 40), der nach einem ganzen Fruchtcocktail schmeckt. Ananassalbei *(Salvia rutilans)*, der wirklich verblüffend an Ananas erinnert. Pfirsichsalbei *(Salvia greggii* 'Peach'), der neben dem Geschmack sogar noch pfirsichfarbene Blüten ausbildet.

Sauerampfer

Rumex acetosa

STANDORT: Sonne-Halbschatten
BODEN: Feucht
PFLEGE: Blüten ausbrechen
ERNTEZEIT: Mai–Oktober
VERWENDUNG: Frisch
VERWENDBARE TEILE: Blätter, Triebe
PASST GUT ZU: Fleisch, Garnelen

Sauerampfer, ein Spießgeselle

Haben Sie schon einmal die hübschen, spießförmigen Blättchen des Sauerampfers bewundert? Sie sind weitaus auffallender als die grünlichen Blüten, die ab Mai erscheinen. Wenn Sie die Blütenknospen ausbrechen, können Sie mehr von den würzigen jungen Blättern ernten (Rezept ↻ Seite 41). Ansonsten ist die Pflanze sehr pflegeleicht, winterhart – und deshalb auch für »Liegestuhl-Gärtner« gut geeignet. Ideale feuchte Bedingungen findet sie am Gehölzsaum, wo sie sogar bis 30 cm hoch werden kann.

Sauer macht lustig – und fit

Für den säuerlichen Geschmack sorgt Oxalsäure, sie steckt hinter der kühlenden und leicht harntreibenden Wirkung. Wenn Sie einmal ererbtes Silber putzen müssten, könnten Sie dafür übrigens auch den Saft des Sauerampfers verwenden – Oxalsäure sei Dank! In den frischen Blättern des Sauerampfers versteckt sich aber auch viel Vitamin C, sie sind richtiges »Fit Food«. Wenn Sie mehr solche Pflanzen haben wollen, säen Sie im Frühjahr Samen aus oder teilen Sie ältere Pflanzen im Herbst. Versuchen Sie doch auch einmal den rotgeäderten Verwandten, den Blutampfer *(Rumex sanguineus)*.

Schnittlauch

Allium schoenoprasum

Ganz schön verzwiebelt

Mit seinen hübschen lilafarbenen Blütendolden macht der Schnittlauch in Töpfen, Schalen und sogar im Zierpflanzenbeet eine gute Figur. Dazu gibt es noch aparte rosa- und weißblühende Sorten. Schnittlauch in Töpfen ist das ganze Jahr über erhältlich, Sie können die aromatische Zwiebelpflanze aber auch leicht selbst aussäen: Im Garten schon ab März am besten in Reihen, im Haus ganzjährig in Töpfe oder Schalen. Hier hinein legen Sie etwa 15–20 Samen. Schnittlauch gehört zu den »durstigen Seelen« unter den Pflanzen, gießen Sie ihn deshalb regelmäßig. Wenn Sie mehr Wert auf die Blätter legen, können Sie auch die Blütenknospen ausbrechen.

Röhrenblättrige Sippschaft

Die ersten Blätter werden etwa 6 Wochen nach der Aussaat geerntet (Rezept Seite 42). Wichtig: Damit sich der Schnittlauch rasch wieder erholen kann, schneiden Sie die Halme mit einem Messer etwa 2 cm über dem Boden ab und ernten immer nur so viel, wie Sie gerade brauchen. Es gibt übrigens noch die Winterheckenzwiebel *(Allium fistulosum)* – mit ihren großen Röhren ein »Schnittlauch für Faule«.

STANDORT: Sonne-Halbschatten
BODEN: Feucht, kalkhaltig
PFLEGE: Regelmäßig gießen
ERNTEZEIT: April–November
VERWENDUNG: Frisch, gefroren
VERWENDBARE TEILE: Blätter
PASST GUT ZU: Salat, Gemüse

18

Thymian

Thymus vulgaris

STANDORT: Sonne
BODEN: Durchlässig, nährstoffarm
PFLEGE: Im Frühjahr etwas zurückschneiden
ERNTEZEIT: Mai–Oktober
VERWENDUNG: Frisch, getrocknet
VERWENDBARE TEILE: Blätter, ganze Triebe
PASST GUT ZU: Fisch, Fleisch

Mediterranes Gewürz

Die französische Küche ist ohne die Zweige des immergrünen Zwergstrauchs fast nicht vorstellbar und auch bei uns ist sein pfeffrig-aromatischer Geschmack inzwischen voll im Trend. Frische Zweige können Sie nach Bedarf ernten (Rezepte Seite 30, 37, 39, 40, 41), zum Trocknen schneiden Sie sie am besten kurz vor der Blüte. Diese sind purpurfarben und erscheinen von Mai bis September.

Klassisch oder mit Zitrone

19

Für einen Haushalt genügen wenige Pflanzen, deshalb werden sie meist zugekauft. Wenn Sie dennoch säen wollen, können Sie es ab April im Zimmer tun. Thymian ist ein Lichtkeimer und die Samen werden daher nicht mit Erde bedeckt. Nur durch Teilung lässt sich der aromatisch-frische Zitronenthymian *(Thymus* x *citriodorus)* vermehren. Von ihm gibt es auch eine weißbunte Sorte 'Variegatus'.

Waldmeister

Galium odoratum

STANDORT: Halbschatten-Schatten
BODEN: Feucht, humos
PFLEGE: Bei Trockenheit gießen
ERNTEZEIT: Mai
VERWENDUNG: Frisch
VERWENDBARE TEILE: Triebe
PASST GUT ZU: Bowle, Desserts

20

Meistert nicht nur im Wald ...

Wer ein Plätzchen im Halbschatten oder Schatten übrig hat, kann diese würzige Pflanze (Rezepte → rechts und ↻ 44) in der Nähe der Küche ziehen. Sie ist übrigens auch ein guter Bodendecker. Die Aussaat ist schwierig und sollte besser den Spezialisten überlassen werden, kaufen Sie einfach Jungpflanzen zu. Geerntet werden die frischen Triebe, sobald im Mai die zarten weißen Blüten erscheinen.

Maifreuden

Der Rezept-Klassiker mit Waldmeister ist die Maibowle: In Weißwein wird ein angewelktes Bündel Waldmeister gehängt, in diesem Zustand entfaltet er seinen typischen, an frisch gemähtes Gras erinnernden Geschmack besonders gut. Nehmen Sie die Pflanzen nach 20 Minuten wieder heraus, denn Waldmeister enthält Cumarin, eine Überdosierung dieses Stoffes verursacht Übelkeit.

Zitronenduftgeranie

Pelargonium-Arten

STANDORT: Sonne
BODEN: Trocken, neutral
PFLEGE: Im Haus überwintern
ERNTEZEIT: Mai–Oktober
VERWENDUNG: Frisch
VERWENDBARE TEILE: Blätter, ganze Blüten
PASST GUT ZU: Gemüse, Desserts

21

Im Reich der Düfte

Duftgeranien sind gerade ziemlich trendy, besonders solche, die das frische Aroma von Zitrusfrüchten entfalten (→ auch Seite 31). Die sehr beliebte Sorte 'Queen of Lemons' bekam ihren Namen nicht ohne Grund: Ihre zarten Blätter verbreiten einen schwülen Zitronenduft und werden wie das exotische Zitronengras gerne für asiatische Suppen verwendet (Rezept ↻ Seite 45). Die Duftgeranie will vor unserem harten Winter ins Haus in Sicherheit gebracht werden.

Immer der Nase nach

Die erste Pflanze Ihrer »Fensterzitrone« kaufen Sie an besten zu. Vermehren können Sie sie dann vom Frühsommer bis zum Herbst durch Stecklinge. Ab Juni erscheinen die mittelgroßen rosa Blüten mit zarten »Saftmalen« (kleinen Flecken). Ältere Pflanzen können bis zu 50 cm hoch werden. Im Handel finden Sie sicher noch mehr Sorten mit zitronigem Geschmack und Duft – es gibt etwa 20 davon! Sie heißen zum Beispiel auch 'Citronella', 'Lemon Fancy' oder 'Limoneum'. Wenn Sie beim Kauf die Qual der Wahl haben: Reiben sie vorsichtig ein Blatt zwischen den Fingern – damit sich der Duft intensiv entfalten kann – und lassen Sie Ihre Nase entscheiden!

Zitronenmelisse

Melissa officinalis

Wuchskaft pur

Sie ist nicht nur gesund, sie hat auch einen gesunden Ausbreitungsdrang. Wo es ihr gefällt, wird eine Zitronenmelissen-Pflanze durch unterirdische Ausläufer breiter und breiter. Wenn es Ihnen zu viel wird, stechen Sie die Ausläufer einfach ab. Oder Sie umgehen diese Arbeit, indem Sie die Zitronenmelisse in einem Gefäß ziehen. Bei so viel geballter Wuchskraft reicht Ihnen eine Pflanze! Am besten lassen sich in der Küche die jungen, zarten Blätter mit ihrem feinen Zitronenaroma verwenden (Rezept ⟳ Seite 46), die Sie vom Frühjahr bis zum Herbst pflücken können. Trauen Sie sich ruhig auch kulinarische Experimente zu! Verwenden Sie sie bei Gerichten, zu denen auch Zitrone passt.

Melissengeist & Co.

Die Klosterfrauen wussten schon, was gut ist: Die Zitronenmelisse enthält ätherische Öle, die nicht nur nach Zitrone duften, sondern auch Viren in Schach halten. Außerdem wirkt sie beruhigend, regt die Gehirntätigkeit an und stärkt das Gedächtnis. Also eigentlich genau das richtige für den modernen Berufsalltag! Entsprechend häufig wird Melisse auch heute für Tees, Bäder oder Duftkissen verwendet. Wenn Sie Zitronenmelisse trocknen wollen, schneiden Sie sie im Juli kurz vor der Blüte.

STANDORT: Sonne-Halbschatten
BODEN: Durchlässig, humos
PFLEGE: Nicht zu sehr wuchern lassen
ERNTEZEIT: Mai–Oktober
VERWENDUNG: Frisch, getrocknet
VERWENDBARE TEILE: Blätter, Triebe
PASST GUT ZU: Gemüse, Desserts

Die 22 Kräuter im Überblick

Name des Krauts	Standort, Licht	Bodenverhältnisse	Pflegetipps	Ernte	Porträts siehe
➤ **Basilikum**	Sonne	nahrhaft	feucht halten	Mai–Oktober	➤ S. 20
➤ **Estragon**	Sonne	feucht	Winterschutz	Mai–Oktober	➤ S. 22
➤ **Kapuzinerkresse**	Sonne	feucht, lehmig	aufbinden	Mai–November	➤ S. 22
➤ **Knoblauch**	Sonne	nahrhaft, lehmig	Rückschnitt	August–September	➤ S. 23
➤ **Koriander**	Sonne	locker, kalkhaltig	Boden lockern	Mai–September	➤ S. 25
➤ **Kresse**	Sonne-Halbschatten	feucht, humos	mehrmals säen	Mai–November	➤ S. 26
➤ **Lavendel**	Sonne	trocken, kalkhaltig	Rückschnitt	Mai–September	➤ S. 27
➤ **Lorbeer**	Sonne-Halbschatten	feucht, lehmig	im Haus überwintern	Mai–November	➤ S. 28
➤ **Majoran**	Sonne	durchlässig	Boden lockern	Juni–September	➤ S. 30
➤ **Orangenduftgeranie**	Sonne	trocken, neutral	im Haus überwintern	Mai–Oktober	➤ S. 31
➤ **Oregano**	Sonne	trocken, leicht	Winterschutz	Mai–September	➤ S. 32
➤ **Petersilie**	Sonne-Halbschatten	feucht, nahrhaft	hacken und gießen	April–November	➤ S. 33
➤ **Pfefferminze**	Sonne-Halbschatten	humos, lehmig	Winterschutz	Mai–Oktober	➤ S. 35
➤ **Rosmarin**	Sonne	trocken, humos	im Haus überwintern	Mai–Oktober	➤ S. 36
➤ **Rucola**	Sonne-Halbschatten	trocken, humos	vorsichtig gießen	Mai–Oktober	➤ S. 37
➤ **Salbei**	Sonne	trocken, kalkhaltig	Rückschnitt	Mai–November	➤ S. 38
➤ **Sauerampfer**	Sonne-Halbschatten	feucht	Blüten ausbrechen	Mai–Oktober	➤ S. 40
➤ **Schnittlauch**	Sonne-Halbschatten	feucht, kalkhaltig	viel gießen	April–November	➤ S. 41
➤ **Thymian**	Sonne	durchlässig	Rückschnitt	Mai–Oktober	➤ S. 42
➤ **Waldmeister**	Halbschatten-Schatten	feucht, humos	viel gießen	Mai	➤ S. 43
➤ **Zitronenduftgeranie**	Sonne	trocken, neutral	im Haus überwintern	Mai–Oktober	➤ S. 44
➤ **Zitronenmelisse**	Sonne-Halbschatten	durchlässig, humos	nicht wuchern lassen	Mai–Oktober	➤ S. 45

Ab hier geht es weiter mit Rezepten und Profitipps zum Zubereiten von leckeren Suppen, pfiffigen Gerichten und tollen Desserts!

Frank Buchholz

Kräuterküche

Raffinierte Kräuterrezepte vom Fernsehkoch

Fotos: Jan C. Brettschneider

2 in 1 – So funktioniert's

Sie schmökern gerade im Kräuterküchen-Teil mit vielen trendigen Rezepten zu allerlei würzigen Pflanzen. Wenn Sie ab der Mitte Kopf stehen, werden Sie zum Gartenprofi – dank vieler Tipps für den Anbau von allerlei aromatischem Grün!

Der Autor

Frank Buchholz wurde 1999 vom Gault Millau zum innovativsten Koch des Jahres gekürt. Er ist Kochduell-Star und Familienvater. Das neueste Projekt des ambitionierten Kochkünstlers ist das »Meisterhaus« in Unna: Spitzen-Restaurant, Bistro, Kochschule und Kreativstube in einem.

Inhalt

Kräuter richtig verwerten

Die Rezepte zu den 22 Kräutern

Tabelle der 22 Kräuter

Jetzt umdrehen!

Kräutergarten

Register

Impressum

Das Küchen-Team

Frank Buchholz wurde 1999 vom Gault Millau zum innovativsten Koch des Jahres gekürt. Er ist Kochduell-Star und betreibt das »Meisterhaus« in Unna als Spitzen-Restaurant, Bistro, Kochschule und Kreativstube.

Internet: www.frank-buchholz.de
Meisterhaus Unna
Hertingerstr. 32
59423 Unna
E-Mail-Adresse Meisterhaus:
kontakt@meisterhaus.de
Büro-Tel.: 02303 - 592887
Büro-Fax: 02303 - 592889

Henry Beyer, Jahrgang 1973, kreiert mit Begeisterung neue Kochideen. Er begann seine Ausbildung bei Johann Lafer, war später u.a. Sous-Chef bei »Golner's Brasserie« und auf der »Burg Sonnenberg«.

Die Autorin des Kräutergarten-Teils

Dipl. Ing. agr. Jolanda Englbrecht studierte an der Technischen Universität München-Weihenstephan Gartenbau-Wissenschaften mit dem Schwerpunkt Arznei- und Gewürzpflanzenbau. Sie ist ebenso ambitionierte Gärtnerin wie Büchermacherin – als Autorin und auch als Redakteurin.

Der Fotograf

Jan C. Brettschneider, Jahrgang 1964, lebt in Hamburg und fotografiert Food-, Wellness-, Reise- und Interieurthemen in der ganzen Welt. Seine klare und natürliche Sichtweise begeistert in vielen Magazinen, Büchern und in der Werbung.

Ein Dank des Autors an:

Henry Beyer für die Mitarbeit in der Kräuterküche.
Jolanda Englbrecht für die Unterstützung bei den Texten der Kräuterküche.
Sabine Schulz für die Koordination des Ganzen.
Firma Fissler für die freundliche Unterstützung.

Redaktion: Sabine Schulz, Jolanda Englbrecht
Umschlaggestaltung: Henning Bornemann, München
Layout: Henning Bornemann, München
Herstellung: Ute Hausleiter
Satz: Johannes Kojer, München
Reproduktion: Repro Ludwig, Zell am See
Druck: Appl, Wemding
Bindung: Conzella, Pfarrkirchen
Printed in Germany

ISBN 3-7742-6268-3

Auflage	4.	3.	2.	1.
Jahr	2004	2003	2002	2001

Die 5 Basics

für die Kräuterküche

Genauso wie für Sport und Spiel benötigen Sie auch für eine bestens funktionierende Kräuterküche eine gewisse Grundausstattung. Aber erschrecken Sie nicht, Sie brauchen sich nicht gleich eine neue Küche zu kaufen! Genau genommen sind nur fünf Basics nötig für den perfekten Umgang mit Kräutern in der Küche. Und alle fünf haben Sie im Grunde vermutlich längst zu Hause. Stöbern Sie doch einfach mal in Schubläden und Küchenschränken!
ÜBRIGENS: Ebenso wichtig wie die passenden Gerätschaften ist die Qualität der Kräuter. Frischer und aromatischer als vom eigenen Fensterbrett, dem Balkon, der Terrasse oder dem Garten können Sie sie nicht bekommen! Also unbedingt umdrehen und auch in der anderen Buchhälfte schmökern!
Noch ein Wellness-Tipp:
Kräuter riechen und schmecken gut und ziehen kräftig an der Salzbremse: Von dem nicht immer gesunden Pulver werden Sie in der Kräuterküche wenig brauchen.

Schere

In der Küche wird Ihnen eine Schere gute Dienste leisten wenn es darum geht, Zweige von den Kräuterpflanzen abzuschneiden – oder auch das Garn, um zum Beispiel ein »Bouquet garni« zu binden. (Hinter diesem vielleicht etwas fachchinesischen Ausdruck verbirgt sich ein Kräutersträußchen, bestehend aus Thymian, Rosmarin, Petersilie und einem Lorbeerblatt. Es verfeinert den Geschmack von Suppen und Brühen.) Wichtig ist vor allen Dingen, dass die Schere scharf genug ist, um auch leicht verholzte Triebe wie die von Thymian, Salbei oder Rosmarin glatt abzutrennen. Denn mehr gerissene als geschnittene Ästlein an einer Pflanze sehen nicht gerade profimäßig aus. Kräftigere Zweige können Sie auch mit einer Gartenschere abtrennen. Vergessen Sie aber nicht, Sie vorher gut zu reinigen! Auch sollte die Schere mit Hilfe eines Hebels arretiert werden können, um Verletzungen zu vermeiden.

ÜBRIGENS: Das ideale Material für eine Schere ist rostfreier Edelstahl, denn Rost kann den Geschmack der Kräuter unangenehm verändern.

Messer

Die mit der Schere geernteten Kräuter müssen Sie meist noch irgendwie klein kriegen. Dafür gibt es nichts besseres als ein gutes Küchenmesser. Haben Sie schon eins? An folgenden Kriterien können Sie Qualität erkennen:

➤ Das Messer liegt gut in der Hand, der Griff ist passend geformt. Wenn seine Oberfläche auch noch rau ist, haben Sie alles sicher im Griff und sind vor Verletzungen geschützt.

➤ Das Verhältnis zwischen Klinge und Griff ist ausgeglichen, der Schwerpunkt liegt in der Mitte des Messers.

➤ Die Klinge muß hart, aber dennoch federnd sein, somit ist sie belastbar und zugleich schnittfähig. Gute Marken-Klingen erfüllen alle dieses Kriterium.

➤ Die Klinge sollte keinen Wellenschliff haben sondern eine glatte, sehr scharfe Schneide. Da auch diese wie so vieles vergänglich ist, sollten Sie zusätzlich einen Wetzstahl in der Schublade haben, um die Klinge regelmäßig nachzuschärfen.

ÜBRIGENS: Kräuter werden nicht zu Mus gehackt, sondern geschnitten, damit die Inhaltsstoffe erhalten bleiben.

Brett

Das hat nun wirklich jeder – wenn auch hoffentlich nicht gerade vor dem Kopf! Was wäre ein gutes Messer ohne Schneidbrett – wo sollte die empfindliche Klinge des edlen Stücks aufsetzen? Ideal ist das legendäre Holzbrett, das lange Zeit zu Unrecht verdächtigt wurde, unhygienisch zu sein. Heute weiß man es besser: Holz kann sich mit Gerb- und anderen Stoffen gut gegen bakterielle Verunreinigungen wehren. Wichtig ist dabei, dass das Brett nicht vorbehandelt, also weder eingelassen noch gestrichen ist. Holz hat nur einen Nachteil: Wenn es zu intensiv mit Wasser in Kontakt kommt, kann es sich verbiegen. Also lassen Sie es beim Spülen nicht zu lange im Wasser liegen und trocknen Sie es gut ab.

ÜBRIGENS: Selbstverständlich sind auch Schneidbretter aus Kunststoff wie Hartplastik geeignet. Nur müssen die Kräuterköche wissen, dass beim Arbeiten mit den Pflanzen auf den Brettern hartnäckige grüne Verfärbungen entstehen können, die zwar unschön aussehen, aber harmlos sind.

Wasserglas

Eines Ihrer Wassergläser sollten Sie unbedingt den Kräutern zur Verfügung stellen, denn auch sie bekommen ziemlich Durst, sobald sie abgeschnitten sind. In diesem Glas halten Sie praktischerweise diejenigen Kräuter frisch, die Sie in der Kräuterküche gleich zum Kochen verwenden werden, bewahren sie also griffbereit direkt am Arbeitsplatz auf. Sie können alle Arten von Kräutern auf diese Weise für kürzere Zeit frisch halten. Allerdings sollte das gefüllte Wasserglas nicht genau in der prallen Sonne oder über der Heizung stehen. Sonst wird es mit der Haltbarkeit der Kräuter nicht allzu weit her sein.

Damit Sie in der Küche zügig arbeiten können, sollten Sie die Kräuter zuerst feucht abwischen – nur wenn nötig waschen – und vorsichtig abtrocknen, bevor sie in das Glas mit frischem Wasser gestellt werden. So können Sie dann gleich richtig loslegen.

ÜBRIGENS: Für die langen Schnittlauch-Halme sollten sie ein entsprechend hohes Glas nehmen, da sonst die Halme über den Glasrand herunterhängen.

Einmachglas

Einmachgläser in der Küche des 3. Jahrtausends? Aber Ja! Diese Klassiker sind auch für die Kräuterküche ein großer Vorteil. Sie kennen sicher Marmelade oder Gemüse im Glas oder erinnern sich, wie die Großmutter früher ihre Kirschen als Vorrat für den Winter einweckte? Das gleiche geht auch mit Kräutern. Geeignet sind die verschiedensten Arten von Einmachgläsern: Die klassischen mit Einweckgummi und Klammer, solche mit Drehverschluss und auch die mit Schnappverschluss. Wichtig ist immer, die Gläser vor Gebrauch zu desinfizieren. Sie bewerkstelligen dies am besten, indem Sie sie mit kochend heißem Wasser ausspülen. Dadurch können Sie der Schimmelbildung und dem Ranzigwerden von Öl vorbeugen. Wenn Sie im Glas getrocknete Kräuter aufbewahren wollen, sollten Sie es nach dem Ausspülen erst gut trocknen lassen.

ÜBRIGENS: Mittlerweile werden auch ähnliche Gefäße aus Plastik angeboten. Achten Sie darauf, dass diese keinen Eigengeschmack an die Kräuter abgeben.

Kräuter richtig verwerten

Hier finden Sie alles über die Ernte von Kräutern, klassische und neue Methoden, wie sie am besten konserviert und verwertet werden.

Kräuter richtig ernten und einfrieren

Hier werden Triebe auf einem Teller angeforen, sie kleben dann nicht im Beutel fest.

Wenn Sie regelmäßig über den ganzen Sommer immer wieder frische Kräuter ernten, halten Sie nicht nur durch den Schnitt Ihre Pflanzen gut in Form, Sie können ihr Aroma auch für den Winter konservieren. Für möglichst viel Geschmack gibt es ein paar einfacheErnteregeln:

➤ Der beste Zeitpunkt ist der späte Morgen eines sonnigen Tages, sobald der Morgentau auf den Kräutern abgetrocknet ist. Dann ist ihr Gehalt an ätherischen Ölen, den Trägern der Geschmacks- und Aromastoffe, am höchsten. In der Mittagshitze verliert er an Intensität.

➤ Die meisten Kräuter werden kurz vor der Blüte geerntet. Ausnahmen sind die Arten, bei denen auch die Blüten oder Samen verwendet werden, wie Kapuzinerkresse, Koriander, Lavendel, Duftgeranien oder Schnittlauch. Einen ganz eigenen Kopf hat der Thymian, dessen Triebe erst nach dem Aufblühen besonders intensiv schmecken. Mit einem kleinen Trick können Sie die Erntezeit von Blattkräutern wie Basilikum verlängern: Kneifen Sie einfach die Blütenknospen aus! So wird die Pflanze mehr Blätter ausbilden und nicht ihre ganze Energie für das Hervorbringen von Blüten verwenden.

➤ Bodennah abgeschnitten werden vor allem Estragon, Kresse, Petersilie, Pfefferminze, Rucola, Schnittlauch, Waldmeister und Zitronenmelisse.

➤ Triebspitzen werden vor allem verwendet von Fruchtsalbei, Majoran, Oregano, Rosmarin, Thymian und Salbei.

➤ Je nach Bedarf können Sie auch Blätter von Basilikum, Lorbeer, Sauerampfer oder Duftgeranien ernten.

➤ Von Wurzelpetersilie und Knoblauch werden Wurzeln oder Knollen verarbeitet.

➤ Verwendbare Blüten besitzen Kapuzinerkresse, Lavendel, Duftgeranien, Rosmarin, Salbei, Schnittlauch und Thymian.

Gerade voll im Trend ist es, den Erntezeitpunkt aus dem Mondkalender zu wählen. Günstig ist der zunehmende Mond und am besten sind Tage, an denen der Mond an den Sternbildern Fische, Wassermann oder Widder vorbeiläuft.

Bevor Sie die frischen Kräuter verarbeiten oder konservieren, sollten sie immer mit einem sauberen, feuchten Tuch abgewischt werden. Nur wenn die Triebe zum Beispiel nach einem Platzregen stark mit Erde verschmutzt sind, oder Sie die Wurzeln mit verwenden wollen, können sie vorsichtig gewaschen und dann mit Küchenpapier

Die Kräuter werden klein geschnitten.

wieder abgetrocknet werden. Trickreiche brausen verschmutzte Pflanzen im Garten übrigens sofort wieder ab, damit sie nach dem Trocknen blitzsauber geerntet werden können.

Frisch und munter aus dem Gefrierfach

Fast unverändert und über viele Monate wird sich der Geschmack Ihrer Kräuter im Tiefkühlfach erhalten, wenn sie aromadicht verpackt sind. Sie können hierbei jede Art einzeln konservieren oder Ihre Lieblingsmischungen herstellen. Vergessen Sie nicht, alles mit Etiketten und Datum zu versehen. Es gibt mehrere Methoden für das Einfrieren:

➤ Sie können einfach die gereinigten und abgetrockneten Triebspitzen und Blätter von Kräutern auf einen Teller legen und im Gefrierfach kurz anfrieren. Lassen Sie sie dann sofort in einen Gefrierbeutel oder eine -dose gleiten, verschließen Sie den Behälter gut und frieren Sie ihn vollständig ein. Dank dieser Methode werden auch empfindliche Blättchen wie die von Schnittlauch, Basilikum, Petersilie, Pfefferminze oder Zitronenmelisse nicht am Beutel oder an der Dose festkleben. Sie können die Triebe also auch leicht wieder einzeln entnehmen.

➤ Eine sehr praktische Methode ist das Einfrieren in Eiswürfelschalen. Es hat den Vorteil, dass Sie die Kräuter dann immer bequem in kleinen Portionen entnehmen können. Hierfür werden die Kräuter feucht abgewischt, trockengetupft, geschnitten und in die Fächer der Eiswürfelschale geschichtet. Gießen Sie noch etwas Wasser in jedes Fach (geeignet ist auch flüssige Butter → Seite 14) und frieren Sie alles ein. Die erstarrten Würfel können Sie dann in einen Gefrierbeutel umfüllen.

Die vorbereiteten Kräuter kommen zum Einfrieren in eine Eiswürfelschale.

Kräuter können ganz oder klein geschnitten auch in Gefrierdosen eingefroren werden.

Kräuter trocknen – würzige Leichtgewichte

Hier wird auf einem Teller im Backofen getrocknet.

Eine uralte und sehr simple Methode, um Kräuter zu konservieren, ist das Trocknen an der Luft. Heutzutage gibt es für diese Konservierungsmethode aber auch hilfreiche Geräte wie einen Trockenapparat oder einfach den Backofen. Immer jedoch werden die Pflanzenteile durch den Flüssigkeitsentzug haltbar gemacht. Die rechts aufgeführten Arten behalten dabei ihr Aroma ganz gut. Andere Kräuter wie Basilikum und Schnittlauch jedoch verlieren es gänzlich und werden besser auf andere Weise konserviert, zum Beispiel durch Einfrieren oder Einlegen. Wenn die Kräuter »rascheltrocken« sind, werden entweder die Blätter von den Stielen gepflückt oder die Triebe in kleinere Stücke geschnitten. Bewahren Sie die getrockneten Kräuter dann an einem dunklen Ort in einem Einmach- oder Schraubglas auf. Vergessen Sie auch nicht Angaben zu verwendeten Arten und das Trocknungsdatum. Wenn Sie eine lichtdichte Teedose oder ein braunes Schraubglas wählen, sind auch hellere Plätze für die Lagerung geeignet. Diese sollte möglichst nicht länger als ein Jahr betragen, also nur bis zur nächsten Kräuter-Ernte reichen.

Im Ofen trocknen

Das Wichtigste zuerst: Im Backofen darf die Temperatur nie über 35 °C ansteigen. Bei zuviel Wärme verflüchtigen sich nämlich die ätherischen Öle, die für den typischen Kräutergeschmack verantwortlich sind. Legen Sie die Kräuter auf ein Backblech und lassen Sie sie so lange bei leicht geöffneter Backofentür im warmen Ofen, bis sie rascheltrocken sind. Wenn die Backofentür sich nicht passend arretieren lässt, klemmen sie einfach einen Kochlöffelstiel zwischen Tür und Backrohr. Der sorgt dafür, dass die Tür einen Spalt breit geöffnet bleibt.

An der Luft trocknen

Fürs Trocknen sollten Sie einen warmen, luftigen Platz wählen, der vor prallem Sonnenlicht geschützt ist, denn nur so behalten die Kräuter ihr Aroma. Auch eine hohe Luftfeuchtigkeit wäre nicht gerade ideal, sie verzögert den Trocknungsprozess und steigert bei den Kräutern die Gefahr der Schimmelbildung. Bei der Lufttrocknung haben Sie folgende Möglichkeiten:

➤ Schichtweise trocknen. Hierfür legen Sie ein Backblech oder auch ein großes Brett mit Haushaltspapier aus und verteilen darauf in nicht zu dichter Schicht die Pflanzenteile.

➤ Kräuterbündel trocknen. Binden Sie die Stängel der Kräuter mit Garn sehr kräftig zusammen, damit das Bündel auch nach dem Trocknen zusammenhält. Hängen Sie sie an einem luftigen Platz zum Beispiel im Flur oder auf dem schattigen Balkon auf. Sobald sie trocken sind, können Sie die Kräuterbündel dekorativ in Küche oder Wohnzimmer aufhängen oder arrangieren.

Was tun mit den Kräutern??

Getrocknete Kräuter sind ideal, wenn gerade nicht Saison ist, keine frischen zur Hand sind – oder wenn es so eilt, dass keine Zeit bleibt, um im Küchengarten frische Zweige zu holen. Damit die Pflanzenteile ihr Aroma besonders gut entfalten können, zerkleinern Sie sie am besten, kurz bevor sie in den Kochtopf kommen. Sie können sie einfach zwischen Daumen-, Zeige- und Mittelfinger zerreiben. Noch kräftiger schmecken getrocknete Kräuter, wenn sie im Mörser mit dem Stößel zerstoßen oder in einer speziellen Gewürzmühle (im Fachhandel erhältlich) gemahlen werden. Dadurch entfalten sich die in den getrockneten Pflanzenteilen enthaltenen ätherischen Öle, die für einen intensiven Geschmack sorgen.

Sie können auch Ihr eigenes Kräutersalz herstellen, indem Sie 1 Teil ungemahlenes Salz und 5 Teile getrocknete Kräuter Ihrer Wahl in der Kräutermühle zerkleinern.

Die Würzkraft der getrockneten Küchenkräuter ist etwa doppelt so stark wie die von frischen. Nehmen Sie also bei Rezepten, die auf der Grundlage von frischen Kräutern entwickelt wurden, nur die halbe Menge an getrockneten. 2–3 Tropfen Olivenöl und eventuell 1 Prise Salz intensivieren den Geschmack.

Blitz-Geschenke mit getrockneten Kräutern

Wenn Sie in Windeseile ein Geschenk herbeizaubern müssen, kann Ihnen der Kräutervorrat ebenfalls gute Dienste leisten: Hüllen Sie einen Kräuterstrauß in Klarsichtpapier, schlingen Sie eine schöne Schleife um die Stiele und fertig! Oder geben Sie eine selbst kreierte Kräutermischung in ein dekoratives Glas, schreiben Sie Ihr Lieblingsrezept dazu auf eine Papierrolle und binden Sie sie mit einem schönen Band um das Glas. Schon haben Sie ein sehr persönliches Geschenk. Und für Wellness-Fans können Sie Rosmarin und Lavendel in ein hübsches Stoffsäckchen füllen und schon haben Sie ein wunderbares Schönheits-Bad!

Kräuter werden gebündelt und zum Trocknen aufgehängt.

Kräuter, die sich zum Trocknen eignen

- Estragon
- Fruchtsalbei
- Koriander
- Lavendel
- Lorbeer
- Majoran
- Oregano
- Rosmarin
- Salbei
- Thymian

Kräuter in Butter – zum Dahinschmelzen

Salbei, Rosmarin und Thymian ergeben eine würzige Kräuterbutter.

Vielleicht denken Sie jetzt an eine frische Kräuterbutter (s. u.) – die ist ja wirklich sehr delikat, aber leider nicht besonders lange haltbar. Hier will ich Ihnen einmal eine besser lagerfähige Variante vorstellen: Wischen Sie Ihre Kräuter mit einem feuchten Tuch ab. Dann – und jetzt kommt's – erhitzen Sie die Butter, lassen Sie die Kräuterzweige hineingleiten und einige Minuten darin ziehen, aber nicht bräunen. Nun können Sie entweder die Kräuterbutter in ein feuerfestes Töpfchen gießen und erkalten lassen. Gut verschlossen hält sie sich im Kühlschrank mehrere Wochen.

Oder Sie füllen die Kräuterbutter in eine Eiswürfelschale. Besonders hübsch sieht es aus, wenn Sie die Kräuterzweige abseihen und dann nur ein dekoratives Zweiglein in jedes Förmchen legen. Lassen Sie die Butter in den Formen erkalten und frieren Sie sie ein. Die erstarrten Butterwürfel können Sie dann aus den Förmchen lösen und im Gefrierbeutel ins Gefrierfach geben. So haben Sie immer ein aromatisches Bratfett für Gemüse, Fleisch, Fisch oder zum Frittieren zur Hand. Es hält sich mehrere Monate.

Das Geheimnis der längeren Haltbarkeit liegt, was ja auch nicht schwer zu erraten ist, im Erhitzen der Butter. Dadurch wird – ähnlich wie bei der Herstellung des mehrere Jahre haltbaren Butterschmalzes – das reine Milchfett abgeschieden.

Kräuteressenz-Butter

Als schmackhafte Variante können Sie auch eine Kräuteressenz auf der Basis von Butter oder Schmalz herstellen: Lassen Sie die Kräuter etwas länger in der warmen Butter/dem Schmalz ziehen, damit sie möglichst viel Aroma abgeben. Seihen Sie dann die Flüssigkeit in eine Box oder Eiswürfelform ab. Hierin haben Sie dann das reine aromatisierte Fett ohne krautige Triebe.

Die Kräuter entwickeln in der heißen Butter ihr volles Aroma.

Die besten Rezepte mit heißer Butter

Hier finden Sie einige gut bewährte Rezepte. Natürlich dürfen Sie auch selbst nach Herzenslust experimentieren. Nur eines sollten Sie beachten: Geeignet für die heiße Zubereitung sind Knoblauch, Koriander, Lavendel, Lorbeer, Majoran, Oregano, Pfefferminze, Rosmarin, Salbei, Thymian und Zitronenmelisse.

➤ Rosmarinbutter: 250 g Butter, 10 Zweige Rosmarin. Passt besonders gut zu Fleisch und Gemüse.

➤ Salbeibutter: 250 g Butter, 10 Triebspitzen von Salbei. Passt besonders gut zu Pasta, Fleisch und Fisch.

➤ Thymianbutter: 250 g Butter, 20 Zweiglein Thymian. Passt besonders gut zu Fleisch und Fisch.

➤ Drei-Kräuter-Butter: 250 g Butter und je 5 Zweige Rosmarin, Salbei und Thymian. Passt besonders gut zu mediterranen Rezepten.

Profi-Tipp

Alles in Butter? Aber Butter ist nicht gleich Butter! Im Handel bekommen Sie vorwiegend Süßrahm-Butter, in gut sortierten Läden oder beim Bauern ist auch Sauerrahm-Butter erhältlich. Letzere hat einen ausgesprochen würzigen Geschmack und ist ein Geheimtipp für frische Kräuterbutter! Damit das Aroma der Kräuter besonders gut gebunden werden kann, sollten Sie möglichst eine Butter mit niedrigem Molke- und Wassergehalt wählen.

Die klassische Kräuterbutter

Sie hält sich zwar nur wenige Tage – mehr ist aber auch gar nicht nötig, weil sie so gut schmeckt. Wachsen Ihnen Ihre Kräuter über den Kopf, weil sie dank der Pflegetipps in unserem Buch so gut gedeihen? Dann laden Sie einfach zur großen Kräuterbutter-Party und der üppige »Urwald« in Ihren Töpfen und Beeten wird sich deutlich lichten!

Grundrezept: 250 g Butter, 1 Zwiebel, Knoblauch nach Geschmack, 100 g Kräuter wie Schnittlauch, Petersilie, Estragon, Kresse, einige Spritzer Zitronensaft, Salz, Pfeffer.

Zubereitung: Wischen Sie die Kräuter feucht ab und schneiden Sie sie in feine Ringe oder Streifen. Rühren Sie die weiche Butter schaumig und die geschnittenen Kräuter darunter. Mit einigen Spritzern Zitronensaft, Salz und Pfeffer pikant abschmecken. Passt sehr gut zu frischem Brot, zu gebratenem oder gegrillten Fleisch.

Die Kräuterbutter wird in eine Eiswürfelfom gegossen.

Kräuter in Essig und Öl – verflüssigtes Aroma

Die Kräuter werden in die Flasche gestopft und mit Essig bedeckt.

Wenn Sie Kräuter in Essig oder Öl einlegen, halten Sie dadurch nicht nur die würzigen Pflanzen frisch, sondern Sie konservieren auch ihr typisches Aroma. Und Sie haben stets wunderbare Grundstoffe bereit, um in Ihrer Kräuterküche ruck, zuck die schönsten Leckerbissen zuzubereiten.

Kräuter einlegen

Verwenden Sie für diesen Zweck frische und zum optimalen Zeitpunkt geerntete (→ Seite 10) Kräuter, dadurch erhalten Sie immer das beste Aroma. Besonders gut eignen sich für diese Konservierungsmethode Basilikum, Koriander, Lorbeer, Majoran, Oregano, Rosmarin, Thymian und Salbei. Reinigen Sie die Kräuter sorgfältig und tupfen Sie sie mit Küchenpapier wieder trocken, damit das Wasser nicht buchstäblich den Geschmack verwässert. Verwenden Sie dekorative, gut verschließbare Flaschen und Einmachgläser (→ Seite 3), die vielleicht auch aus gefärbtem Glas hergestellt wurden. Ideal ist die Farbe braun, sie schützt den empfindlichen Inhalt vor Sonnenlicht. Sie können selbstverständlich auch farblose Gläser verwenden, wählen Sie dann als Aufbewahrungsort jedoch unbedingt einen dunklen Platz.

In Flaschen sehen ganze Kräuterzweige besonders dekorativ aus. Sie werden mit Hilfe eines Kochlöffel-Stiels durch den Flaschenhals ins Innere geschoben. Für weite Einmachgläser können Sie die Kräuter nach Belieben ganz lassen oder auch in grobe Stücke zerschneiden. Dann tritt das Aroma schneller in die Flüssigkeit über. Wenn die Kräuter alle im Gefäß liegen, gießen Sie mit Essig oder Öl Ihrer Wahl bis knapp unter den Rand auf. Lassen Sie den Ansatz im gut verschlossenen Gefäß vor der ersten Verwendung immer auch 2–4 Wochen an einem dunklen, nicht zu kalten Ort durchziehen, damit sich der Geschmack intensiv ausbreiten kann. Schrei-

Aus Olivenöl und Kräutern lassen sich pikante Pasten mixen.

ben Sie Inhalt und Herstellungsdatum auf ein Etikett. Die würzigen Flüssigkeiten sollten spätestens nach einem Jahr verbraucht sein. Sie können sie sehr gut zum Aromatisieren von Salaten oder zum Verfeinern von Saucen verwenden. In Essig oder Öl eingelegte Kräuter sind auch sehr persönliche Geschenke für liebe Freunde.

Kräuter-Essige

Verwenden Sie keinen zu jungen Essig zum Konservieren Ihrer Kräuter. Ideal ist ein Weinessig guter Qualität, der mindestens zwei Jahre alt ist. Bei jüngeren Essigen kann sich zwischen den eingelegten Kräuter-Blättern eine so genannte Essigmutter bilden, die den Geschmack ungünstig beeinflusst.

Der Essig sollte auch mindestens 4 % Säure enthalten, sonst kann er den Inhalt nicht konservieren. Deshalb ist Apfelessig für diese Zwecke oft nicht geeignet. Weißweinessige eignen sich besonders gut, sie haben keinen hervorstechenden Eigengeschmack und lassen sogar zarten Kräuter-Aromen den Vortritt. Rotweinessige hingegen schmecken selbst sehr kräftig und eignen sich nur für Kräuter mit intensivem Aroma wie Lorbeer, Rosmarin und Thymian. Der klassische weiße Würzessig ist der Estragonessig. Sie können Estragon auch gut mit Basilikum, Knoblauch und Lorbeer kombinieren. Verfahren Sie hier ganz nach Ihrem persönlichen Geschmack.

Auch ganze Kräuter wie hier das würzige Basilikum geben ihr Aroma nach kurzer Zeit an das Olivenöl ab.

Kräuter-Öle

Die ideale Basis für Würzöle sind kalt gepresste Olivenöle bester Qualität. Zu den klassischen Kräutermischungen zählen zum Beispiel Rosmarin, Thymian, Basilikum, Oregano und Minze. Sie können auch die essbaren Blüten von Schnittlauch, Thymian, Veilchen oder Kapuzinerkresse mit ins Glas geben. Würzöle eignen sich auch zum Braten von Fisch oder Fleisch.

Kräuter-Pasten

Kräuter-Pasten – zu ihnen gehört auch das klassische Pesto aus Olivenöl, Pecorinokäse, Pinienkernen, Basilikum, Majoran und Knoblauch – passen sehr gut zu Nudeln oder Saucen. Hier mein ganz persönliches Pesto-Rezept: Olivenöl (1 Teil), Basilikum (2 Teile), Rucola (2 Teile), einige Tropfen Limettensaft zum Konservieren, Salz und Pfeffer zum Würzen.

Olivenöl, Basilikum, Rucola und Limettensaft im Mixer zerkleinern, abschmecken. In ein sauberes Glas bis 2 cm unter den Rand füllen und mit einer Schicht Olivenöl abdecken. Schmeckt gut zu allem, was nur kurz gebraten ist und helles Fleisch hat, wie Fisch und Geflügel und hält sich etwa 2–3 Wochen im Kühlschrank.

Die Rezepte zu den 22 Kräutern

Ungewöhnlich, jedoch überraschend gut: Neue Rezepte für Suppen, Vorspeisen, Hauptgerichte mit und ohne Fleisch und Desserts.

Mediterraner Auflauf

mit Basilikum-Pesto und Pinienkernen

Für 4 Personen

Sie brauchen dazu 75 Minuten
➤ *Klassiker auf neue Art*

Diese Basics brauchen Sie:
200 g Basilikum (1 Bund)
2 geschälte Knoblauchzehen (Porträts *Seite 20, 23**)*

Die restlichen Zutaten:
1 Aubergine (300 g)
2 Zucchini (insgesamt 400 g)
9 EL Olivenöl für die Pfanne
1 rote Paprikaschote
1 gelbe Paprikaschote
2 Schalotten
2 EL Olivenöl für die Pfanne
80 g Pinienkerne
2 Eier
150 ml Weißwein
200 g Sahne
200 g Parmesan
Salz, schwarzer Pfeffer aus der Mühle
Muskatnuss

1 Gewachsene Aubergine und Zucchini in 1/2 cm dicke Scheiben schneiden. Portionsweise in einer Pfanne mit Olivenöl goldgelb braten. Auf Küchenpapier abtropfen lassen.

2 Die Paprikaschoten waschen, vierteln und entkernen. Mit der offenen Seite nach unten auf ein Backblech setzen und im Herd bei 200 °C für 15–20 Min. braten. Herausnehmen, abkühlen lassen und die Haut abziehen.

3 Die Schalotten in kleine Würfel schneiden und in Olivenöl andünsten. Mit Weißwein ablöschen und reduzieren lassen. Mit Sahne auffüllen, mit Salz, Pfeffer und Muskat abschmecken, abkühlen lassen.

4 Basilikum wenn nötig waschen, trockentupfen, Blätter abzupfen und zusammen mit Pinienkernen, Knoblauchzehen und Eiern in die Sahne einrühren. Die Hälfte des Parmesans zugeben und alles mit dem Pürierstab mixen.

5 Backofen auf 200 °C vorheizen. In eine feuerfeste Form die Paprika-Viertel legen und in sie abwechselnd Lagen der Gemüse und des Basilikum-Pestos schichten. Zum Schluss mit dem restlichen Parmesan bedecken. Die Form auf ein Backblech stellen, das etwa 1 cm hoch mit Wasser gefüllt ist, und 12–15 Minuten backen.

Würziger Steinbeißer

auf Risotto mit frischem Estragon

Für 4 Personen

Sie brauchen dazu 85 Minuten

➤ *Braucht etwas Zeit*

Diese Basics brauchen Sie:

1 Zweig Thymian

2 EL frisch gehackten Estragon (Porträts *Seite 42, 22)*

Die restlichen Zutaten:

400 g Risottoreis

3 Schalotten

4 Artischockenherzen (aus dem Glas)

20 g schwarze oder grüne Oliven

3 EL Öl

100 ml Weißwein

400 ml Geflügelbrühe (aus dem Glas)

Salz, schwarzer Pfeffer aus der Mühle

50 g Zucker

1 EL Butter

2 EL geriebener Parmesan

4 Steinbeißer-Filets

1 EL Olivenöl für die Pfanne

100 g Zuckerschoten

1 TL Zucker

1 EL Butter

1 Schalotten fein hacken, Artischockenherzen in kleine Würfel schneiden. Oliven entsteinen und in kleine Stücke schneiden.

2 Olivenöl in einen Topf geben, Schalotten, Artischockenherzen und Oliven darin andünsten. Risottoreis zugeben, mit Weißwein und Geflügelbrühe ablöschen.

3 Risotto unter ständigem Rühren 15–20 Min. köcheln lassen. Mit Salz und Pfeffer abschmecken. Kurz vor dem Servieren Butter, Estragon und den geriebenen Parmesan unterziehen.

4 Die Steinbeißerfilets mit Salz und Pfeffer würzen. In einer Pfanne das Olivenöl mit einem Zweig Thymian erwärmen und die Filets von beiden Seiten kräftig anbraten. Zur Seite stellen und etwas ziehen lassen.

5 Butter und Zucker in einen Topf geben, Zuckerschoten darin kurz schwenken, mit Salz und Pfeffer abschmecken. Risotto, Filets und Zuckerschoten anrichten.

Knoblauch-Cremesüppchen

mit Spinatravioli

Für 4 Personen

Sie brauchen dazu 105 Minuten
(+ 1 Std. Ruhezeit)
➤ *Raffiniert und würzig*

Diese Basics brauchen Sie:
250 g geschälte Knoblauchzehen
(Porträt ↻ Seite 23)

Die restlichen Zutaten:
250 g Hartweizengrieß
3 Eier, 1/2 TL Salz
1 TL Olivenöl
1 Schalotte, 2 EL Butter
100 ml Weißwein
1/2 l Geflügelbrühe
300 g flüssige Sahne
100 g Crème fraîche
Salz, Pfeffer, Muskatnuss
300 g blanchierten Spinat
2 Schalotten
1 EL Olivenöl für die Pfanne
100 g Sahne
Salz, Pfeffer, Muskatnuss
1 Eigelb
1 Eigelb zum Bestreichen
etwas Mehl zum ausrollen
50 g geschlagene Sahne

1 Aus Hartweizengries, Eiern, Salz und Olivenöl einen Teig kneten und etwa 1 Stunde gekühlt ruhen lassen.

2 Knoblauch und Schalotten würfeln, in Butter glasig dünsten und mit Weißwein ablöschen. Geflügelbrühe zugießen und etwas reduzieren lassen. Sahne und Crème fraîche zugeben, mit Salz, Pfeffer und Muskat abschmecken. Suppe mit Pürierstab aufmixen und absieben.

3 Spinat mit den gewürfelten Schalotten in Olivenöl anbraten, mit Sahne ablöschen und abschmecken. Kochen, bis eine Bindung entsteht. Etwas abkühlen lassen, Eigelb unterrühren.

4 Teig mit Hilfe einer Nudelmaschine oder mit dem Nudelholz auf einer bemehlten Arbeitsfläche zu einer Bahn ausrollen. Auf die Hälfte der Bahn die Spinatmasse in 4–8 Häufchen setzen. Eigelb mit 1 TL Wasser verquirlen und Teig damit bestreichen. Die zweite Teigbahn darüber legen, andrücken. Mit einem Ausstecher oder Teigroller Ravioli ausschneiden, in siedendem Salzwasser etwa 15 Min. ziehen lassen.

5 Knoblauchsuppe mit geschlagener Sahne aufmixen, zusammen mit je nach Größe 1–3 Ravioli in tiefen Tellern oder Tassen anrichten.

Scharfes Kokossüppchen

mit frischem Koriander

1 Schalotten in Würfel schneiden. Chilischote oder Pepperoni entkernen und in feine Scheiben schneiden. (Vorsicht, keinesfalls die Hände in die Nähe der Augen oder Schleimhäute bringen. Am besten Hände sofort gründlich waschen.)

2 Beides mit den Korianderkörnern in Olivenöl andünsten. Die Geflügelbrühe dazu gießen und alles etwas reduzieren lassen.

3 Das Kokospüree und die Sahne zugießen, kurz aufkochen lassen und die Suppe durch ein Sieb passieren.

4 Den Koriander wenn nötig waschen, trockentupfen, Blätter abzupfen und auf einem Brettchen fein hacken.

5 Die warme Suppe mit dem Pürierstab aufmixen und in Suppenteller anrichten. Die gehackten Korianderblätter darüber streuen.

Für 4 Personen

Sie brauchen dazu 20 Minuten

➤ *Schnell und leicht*

Diese Basics brauchen Sie:

100 g frisches Korianderkraut (Porträt ↻ Seite 25)

Die restlichen Zutaten:

2 Schalotten
1 EL Korianderkörner
1/2 Chilischote (oder 2 rote Pepperoni)
1 EL Olivenöl
1/2 l Geflügelbrühe (aus dem Glas)
150 g Kokospüree (Asia-Laden)
250 g Sahne

Vanille Couscous-Plätzchen

mit Räucherlachs und Kresse-Sauce

Der Profi-Tipp

Sehr schön rund werden die Plätzchen, wenn Sie sie in einer Form backen (→ kleines Foto rechts). Für dieses Gericht können Sie je nach Jahreszeit die mild-würzige Gartenkresse, die vollmundigere Brunnenkresse oder die schärfer schmeckende Kapuzinerkresse verwenden.

Für 4 Personen

Sie brauchen dazu 30 Minuten
➤ *Orientalisch und erfrischend*

Diese Basics brauchen Sie:
5 große Blätter – je nach Jahreszeit – von Gartenkresse oder Brunnenkresse, wenn vorhanden, auch Kapuzinerkresse-Blüten als Dekoration. (Porträts ↻ Seite 22, 26)

Die restlichen Zutaten:
10 g Butter
150 g Couscous
200 ml Geflügelbrühe
1/2 Vanillestange
2 EL Crème fraîche
Saft von 1/2 Limette
1 EL Olivenöl
Salz, Pfeffer
1 Eigelb
Salz, Pfeffer
2 Eiweiß
2 EL Olivenöl für die Pfanne
8 Scheiben Räucherlachs

1 Die Butter im Topf schmelzen lassen. Couscous kurz mitrösten und dann mit der Geflügelbrühe ablöschen. Vanillestange aufschlitzen und Mark zugeben. Couscous unter Rühren köcheln lassen, bis eine Bindung entsteht. Vom Herd nehmen und etwas abkühlen lassen.

2 Für die Sauce die Kresse-Blätter in kleine Streifen schneiden. Mit Crème fraîche, Limettensaft und Olivenöl verrühren, mit Salz und Pfeffer abschmecken.

3 Die Eiweiße schlagen. Eigelb unter das Couscous rühren, mit Salz und Pfeffer abschmecken. Zum Schluss das geschlagene Eiweiß unterheben.

4 Olivenöl in Pfanne erhitzen. Couscous-Masse portionsweise wie Kartoffelpuffer etwa 2 Min. pro Seite schön goldgelb braten.

5 Couscous-Plätzchen mit je 2 Scheiben Räucherlachs anrichten, mit Sauce beträufeln und mit Kresse dekorieren.

Lavendel-Entenbrust

mit asiatischem Chinakohl-Salat

1 Die Entenbrüste von der Haut bereien, salzen und pfeffern. In einen Topf mit Dämpfeinsatz (oder einen Wok mit Bambusdämpfer) Geflügelbrühe mit Lavendelblüten geben und erhitzen. Auf den Dämpfeinsatz die Entenbrüste legen und etwa 10 Min. dämpfen. Brüste herausnehmen und zugedeckt ruhen lassen.

2 Die Paprikaschoten waschen, halbieren und entkernen. Mit der offenen Seite nach unten auf ein Backblech setzen und im Herd bei 200 °C für 15–20 Min. braten. Herausnehmen, abkühlen lassen, die Haut abziehen und Schoten in Streifen schneiden.

3 Chinakohl von Außenblättern und Strunk befreien und in kleine Würfel schneiden. Karotten schälen und in Streifen schneiden.

4 Korianderblätter und Ingwer fein hacken. Sesamkörner kurz in einer beschichteten Pfanne rösten.

5 Salatzutaten mischen, mit den beiden Saucen, dem Sesamöl, Salz und Pfeffer abschmecken. Mit je einer Entenbrust anrichten.

Der Profi-Tipp

Zu diesem Gericht passt eine Pflaumenweinsauce hervorragend.
Hierfür brauchen Sie: 150 ml milde Sojasauce, 50 ml Pflaumenwein, Salz, Pfeffer aus der Mühle
Es gibt etwa 50 verschiedene Sojasaucen, die ganz unterschiedlich schmecken. Lassen Sie sich im Laden beraten und verwenden Sie eine möglichst milde Marke. Die Pflaumenweinsauce ist in 5 Min. zubereitet: Sojasauce und Pflaumenwein erhitzen, mit Salz und Pfeffer abschmecken.

Für 4 Personen

Sie brauchen dazu 50 Minuten
➤ *Fernöstlich und raffiniert*

Diese Basics brauchen Sie:
2 EL frische oder getrocknete Lavendel-Blüten
1/2 Bund frische Koriander-Blätter (Porträts *Seite 27, 25)*

Die restlichen Zutaten:
4 kleine Entenbrüste (á 160 g)
Salz, schwarzer Pfeffer aus der Mühle
1 l Geflügelbrühe (aus dem Glas)
1 kleiner Chinakohl (etwa 400 g)
je 1 rote, gelbe, grüne Paprika
2 Karotten
1 cm frische Ingwerwurzel
2 EL Sesamsamen
100 ml Sweet Chili Sauce
100 ml Oyster Sauce (Saucen aus dem Asia-Laden)
4 EL Sesamöl
Salz, Pfeffer

Ochsenschwanzpraline

mit Lorbeer auf Linsensalat

Für 4 Personen

Sie brauchen dazu 1 St. 45 Minuten (+ 12 Std. Ruhezeit)
➤ *Etwas aufwändiger*

Diese Basics brauchen Sie:
je 2 Zweige Lorbeer, Majoran, Thymian, Rosmarin
1 Bund Blattpetersilie (Porträts *Seite 28, 30, 42, 36, 33)*

Die restlichen Zutaten:
2 kg Ochsenschwanz
Salz, Pfeffer
2 EL Olivenöl
je 250 g Zwiebeln, Möhren, Knollensellerie
400 ml Rotwein
1 EL Tomatenmark
1 l Rinderfond
Salz, Pfeffer, Muskat
200 g Linsen, 1 l Wasser
je 100 g Karotte und Sellerie
2 Schalotten, 8 EL Olivenöl
4 EL Balsamico-Essig
Salz, Pfeffer
100 g Semmelbrösel
100 g grob gemahlene Haselnüsse
50 g Pumpernickelbrösel
1 Ei, Fett zum Frittieren

1 Backofen auf 180 °C vorheizen. Ochsenschwanz salzen, pfeffern und kräftig anbraten, herausnehmen.

2 Zwiebeln, Möhren und Sellerie würfeln und im gleichen Öl anrösten. Lorbeer, Majoran, Rosmarin, Thymian und Tomatenmark zugeben, mit Rotwein ablöschen. Fleisch hineinlegen, mit Rinderfond aufgießen. Im Backofen etwa 2 1/2 Stunden schmoren.

3 Das Fleisch vom Knochen lösen, den Schmorsaft durch ein Sieb passieren. Etwas einkochen lassen und mit Salz, Pfeffer und Muskat abschmecken. Fleisch in eine flache Form geben, mit dem Saft aufgießen, mit Folie bedecken und einem Gegenstand beschweren. Über Nacht kühl stellen.

4 Linsen einweichen, abgießen, mit frischem Wasser in etwa 40 Min. weich kochen. Sellerie und Karotte würfeln, in Salzwasser knackig kochen, abgießen und abschrecken. Schalotte und Petersilie fein hacken, mit Öl, Essig zu einer Vinaigrette rühren. Würfel zufügen, mit Salz und Pfeffer abschmecken, zu den Linsen geben.

5 Den Ochsenschwanz in kleine Rechtecke schneiden und mit dem Gemisch aus Semmelbröseln, Nüssen, Pumpernickel und Ei panieren. Portionsweise in heißem Fett frittieren.

Kohlrabischnitzel mit Reis

und Orangenduftgeranien-Hollandaise

1 Die Kohlrabiknollen schälen, halbieren und in etwa 1 cm dicke Scheiben schneiden. Die Schnitzel salzen, pfeffern, in Mehl wenden, durch das verquirlte Ei ziehen und in Semmelbrösel wälzen. Das Olivenöl in einem Topf erhitzen und die panierten Sellerieschnitzel darin goldgelb ausbacken.

2 Den Wildreis in Wasser etwa 35 Min. kochen und in kaltem Wasser abschrecken.

3 Die Zucchini würfeln und in Butter anbraten. Den Wildreis zugeben und mit Salz und Pfeffer abschmecken.

4 Für die Hollandaise Orangenduftgeranien-Blätter fein hacken. Die Butter zerlassen. Die Eigelbe mit dem Weißwein in einer Schüssel im Wasserbad cremig aufschlagen. Aus dem Wasser herausnehmen und die Butter langsam in einem dünnen Strahl einrühren. Die gehackten Orangenduftgeranien-Blätter in die Hollandaise geben und mit Salz und Pfeffer würzen.

5 Kohlrabischnitzel auf ein Bett aus Wildreis legen und mit der Hollandaise servieren.

Für 4 Personen

Sie brauchen dazu 45 Minuten
➤ *Originell und erfrischend*

Diese Basics brauchen Sie:
10 Blätter einer Orangenduftgeranie (ersatzweise Zitronenmelisse und die abgeriebene Schale einer unbehandelten Orange)
(Porträts ↻ Seite 31, 45)

Die restlichen Zutaten:
2 Kohlrabi
Salz, schwarzer Pfeffer aus der Mühle
1 Ei
30 g Mehl
50 g Semmelbrösel
4 EL Olivenöl
300 g Wildreis
2 Zucchini (etwa 300 g)
20 g Butter
Salz, Pfeffer
120 g Butter
5 Eigelb
200 ml Weißwein
Salz, Pfeffer

Bruschetta vom Pizzabrot

mit Oregano und gebratener Salami

Für 4 Personen

Sie brauchen dazu 25 Minuten
➤ *Lässt sich gut vorbereiten*

Diese Basics brauchen Sie:
1 EL frische Oregano-Blätter (ersatzweise getrocknete)
1 Knoblauchzehe *(Porträt ↻ Seite 32, 23)*

Die restlichen Zutaten:
1 Pizzabrot (etwa 250 g)
2 EL Olivenöl
3 Tomaten
2 Schalotten
150 g Salami
1 EL Olivenöl
Salz, schwarzer Pfeffer aus der Mühle
1 EL Balsamico-Essig
100 g Parmesan

1 Das Pizzabrot in 1 cm dicke Scheiben schneiden. Mit etwas Olivenöl portionsweise in der Pfanne goldgelb rösten.

2 Die Tomaten kurz in siedendem Wasser blanchieren. Abschrecken, die Haut abziehen, Tomaten entkernen und Fleisch in Würfel schneiden.

3 Grill des Backofens anheizen. Die Schalotten und die Knoblauchzehe abziehen und würfeln. Salami ebenfalls in Würfel schneiden. Oregano-Blätter hacken.

4 Schalotten, Knoblauch und Salami in heißem Olivenöl anbraten. Den gehackten Oregano beigeben, mit Salz und Pfeffer abschmecken und mit Balsamico-Essig ablöschen.

5 Die Masse auf die Pizzabrot-Scheiben verteilen, mit frisch gehobeltem Parmesan bestreuen und kurz in den Grill schieben.

Heilbutt mit Senfkruste

auf Petersilienpüree und Portweinessenz

Für 4 Personen

Sie brauchen dazu 30 Minuten
➤ *Etwas teurer*

Diese Basics brauchen Sie:
1 Bund Petersilie
(Porträt *Seite 33)*

Die restlichen Zutaten:
50 ml Fischfond
Salz, schwarzer Pfeffer aus der Mühle
Muskat
500 ml Portwein
1 EL Honig
1–2 TL Mondamin
600 g Heilbuttfilet ohne Haut
Saft einer Zitrone
Salz, Pfeffer,
8 mittelgroße Schalotten
1 EL Mehl
4 EL Pommery-Senf (ersatzweise mittelscharfer)
3 EL Olivenöl
100 g Sahne

1 Petersilie wenn nötig waschen und ganz gut abtrocknen. Blätter abzupfen und in einem Mixer mit etwa der Hälfte des Fischfonds mixen. Mit dem restlichen Fischfond erwärmen, mit Salz, Pfeffer und Muskat abschmecken.

2 Den Portwein in einem Topf auf die Hälfte reduzieren lassen, den Honig unterrühren. Mondamin mit etwas Wasser glatt rühren und die Essenz damit leicht abbinden.

3 Die Schalotten in ganz feine Würfel schneiden. Die Heilbuttfilets mit Zitronensaft beträufeln, salzen und pfeffern. Je eine Seite der Fischfitels mit etwas Mehl bestäuben, mit dem Senf bestreichen und die Schalottenwürfel darüber geben. Alles mit Hilfe einer Palette fest pressen.

4 Filets nochmals mit Mehl bestäuben und mit der Senfkruste nach unten in Olivenöl bei nicht zu starker Hitze 10–12 Min. braten.

5 Sahne steif schlagen und unter das Petersilienpüree heben. Heilbutt auf dem Petersilienpüree anrichten und mit der Portweinessenz umträufeln.

Raffiniertes Mangosorbet

mit Pfefferminz-Sabayon

Für 4 Personen

Sie brauchen dazu 60 Minuten

➤ *Etwas aufwändiger*

Diese Basics brauchen Sie:

50 g frische Pfefferminz-Blätter (Porträt *Seite 35)*

Die restlichen Zutaten:

100 g Zucker
100 ml Wasser
150 ml Weißwein
3 kleine Mangos
Saft von einer Zitrone
1 Blatt Gelatine
200 ml Milch
60 g Zucker
4 Eigelb
30 ml Pfefferminzlikör

1 Den Zucker mit Wasser und Weißwein aufkochen. Die Mangos schälen, vom Kern befreien und klein schneiden. Alles miteinander mixen und mit Zitronensaft abschmecken.

2 Gelatine in Wasser einweichen, ausdrücken, in etwas heißem Wasser auflösen und in die Mangomasse einrühren. In einer Eismaschine zum Sorbet rühren oder Masse im Tiefkühlfach erstarren lassen.

3 Pfefferminz-Blätter mit Milch und Zucker aufkochen, zur Seite stellen und etwas ziehen lassen.

4 Pfefferminz-Milch durch ein Sieb passieren. In einer Schüssel über heißem Wasserbad mit den Eigelben zum Sabayon (eine Weinschaumcreme) schlagen.

5 Masse aus dem Wasserbad nehmen und den Pfefferminzlikör unterheben. Mit zwei Löffeln Mango-Sorbets abstechen und im Glas in Pfefferminz-Sabayon servieren.

Zartes Lammcarré

mit Rosmarin-Kräuterkruste und Wirsing

1 Rosmarin, Thymian und Salbei hacken. Die Butter mit dem Handrührgerät schaumig rühren. Kräuter, Semmelbrösel und Ei zufügen, mit Salz und Pfeffer abschmecken.

2 Backofen auf 150 °C vorheizen. Das Lammcarré waschen, trockentupfen, salzen, pfeffern und mit dem Olivenöl in einer Pfanne auf allen Seiten anbraten. Die Kräutermasse gleichmäßig auf das Lammcarré streichen. Im Backofen 12–15 Min. braten.

3 Schalotten und Knoblauchzehe schälen und würfeln. Vom Wirsing den Strunk entfernen, Rest in Würfel schneiden. Schalotten, Knoblauch und nach und nach den Wirsing in Olivenöl andünsten, mit Weißwein ablöschen und kurz reduzieren lassen.

4 Mit der Sahne auffüllen und mit Salz, Pfeffer und Muskat abschmecken. Wenn nötig, mit Mondamin abbinden. Sahne steif schlagen und kurz vor dem Servieren unterheben.

5 Lammcarré aufschneiden, auf Wirsingbett anrichten und mit etwas von dem Bratensaft servieren.

Für 4 Personen

Sie brauchen dazu 50 Minuten
➤ *Für Gäste*

Diese Basics brauchen Sie:
1 Zweig Rosmarin
2 Zweige Thymian
5 Salbei-Blätter
1 Knoblauchzehe (Porträts
Seite 36, 42, 38, 23)

Die restlichen Zutaten:
30 g Butter
2 EL Semmelbrösel
1 Ei, Salz, Pfeffer
1 Lammcarré (unpariertes Rippenstück, also noch mit Fett) von etwa 1 kg
Salz, Pfeffer, 2 EL Olivenöl
2 Schalotten
1 Wirsingkopf (etwa 500 g)
Salz, Pfeffer, Muskat
100 ml Weißwein
250 g Sahne
1 TL Mondamin
80 g Sahne

Kartoffelgnocchi

mit Rucola-Sauce und gebratenen Tomaten

Für 4 Personen

Sie brauchen dazu 1 Stunde 15 Minuten

➤ *Klassiker auf neue Art*

Diese Basics brauchen Sie:

100 g Rucola
1 Zweig Thymian
1 Knoblauchzehe
(Porträt *Seite 37, 42, 23)*

Die restlichen Zutaten:

500 g mehlig kochende Kartoffeln
150 g Mehl
1 Eigelb
Salz, schwarzer Pfeffer aus der Mühle
Muskat
1 l Wasser
1 TL Salz
1 TL Olivenöl
50 g geriebener Parmesan
1 EL Olivenöl
20 g gemahlene Pinienkerne
3 Tomaten
1 EL Olivenöl
Salz, Pfeffer, Zucker

1 Kartoffeln waschen, in etwa 30 Min. weich kochen. In der Zwischenzeit Rucola waschen, trockentupfen, grob hacken und zusammen mit Parmesan, Olivenöl und Pinienkernen im Mixer pürieren.

2 Tomaten in kochendem Wasser kurz blanchieren und in kaltem Wasser abschrecken. Haut abziehen,Tomaten entkernen und in feine Würfel schneiden. Mit der durchgepressten Knoblauchzehe und dem Tymian in Olivenöl braten, mit Salz, Pfeffer und Zucker abschmecken.

3 Kartoffeln schälen und passieren. Mit Mehl und Eigelb zu einem Teig kneten, mit Salz, Pfeffer und Muskat abschmecken.

4 Teig auf einer mit Mehl bestäubten Arbeitsfläche zu einer fingerdicken Rolle formen. Stücke von etwa 2 cm Länge abschneiden und diese einzeln über einen Gabelrücken rollen, um ihnen die typische Form zu geben.

5 Wasser mit Salz und Olivenöl zum Kochen bringen. Gnocchi darin ziehen lassen, bis sie an die Oberfläche steigen, abseihen. Mit der Sauce und den gebratenen Tomaten servieren.

Kross gebratener Zander

mit Salbei-Kartoffelpüree

1 Die Kartoffeln waschen, in Wasser aufsetzen und in etwa 30 Minuten weich kochen. Schälen und durch eine Presse drücken. Die Kartoffelmasse mit Butterflocken und Muskat mischen, damit die Kartoffelkrümel sich verbinden können.

2 Die Salbeiblätter von den Stielen zupfen, Stiele in der Milch aufkochen und durch ein Sieb abgießen. Die noch heiße Milch nach und nach in die Kartoffelmasse einrühren. Die Salbeiblätter in feine Streifen schneiden und ebenfalls untermischen. Mit Salz und Pfeffer abschmecken.

3 Die Zanderfilets mit Salz und Pfeffer würzen. Olivenöl in Pfanne erhitzen, Knoblauchzehe hineindrücken und Zanderfilets zunächst auf der Hautseite und dann auf der anderen in 7–10 Min. kross braten.

4 Butter zerlassen. Filets mit Kartoffelbrei anrichten und mit der gebräunten Butter übergießen.

Für 4 Personen

Sie brauchen dazu 50 Minuten

➤ *Würzig und raffiniert*

Diese Basics brauchen Sie:

1 Bund Fruchtsalbei (ersatzweise Salbei)
1 Zweig Thymian
1 Knoblauchzehe
(Porträts ↻ Seite 23, 38, 42)

Die restlichen Zutaten:

1 kg mehlig kochende Kartoffeln
150 ml Milch
Salz, schwarzer Pfeffer aus der Mühle
Muskat
200 g Butter
4 Zanderfilets à 120–150 g
1 EL Olivenöl
50 g Butter

Pikante Riesengarnelen

mit erfrischendem Sauerampfer

1 Die Blattsalate waschen und gut abtropfen lassen. Die ganzen Kräuter wenn nötig kurz abbrausen und mit Küchenpapier trockentupfen. Die Sauerampfer-Blätter auf einem Brettchen hacken.

2 Die Schale der Riesengarnelen mit einer spitzen Schere aufschneiden und abziehen. Den Rücken mit einem kleinen spitzen Messer leicht einschneiden und den dunklen Darm herausziehen. Garnelen waschen und trockentupfen.

3 Für die Vinaigrette Eigelb, Senf, Olivenöl und Weißweinessig mit einem Pürierstab mixen. Zucker, Crème fraîche und den gehackten Sauerampfer zufügen und alles kurz mixen, mit Salz und Pfeffer abschmecken.

4 Das Olivenöl in einer beschichteten Pfanne erhitzen, Riesengarnelen und Thymianzweig hineingeben und 5 Minuten braten. Mit Knoblauchöl, abgeriebener Zitronenschale, Salz und Pfeffer abschmecken.

5 Je 3 Riesengarnelen und 1/4 der Blattsalate auf einem Teller anrichten, großzügig mit Vinaigrette beträufeln. Dazu schmeckt frisches Baguette.

Für 4 Personen

Sie brauchen dazu 30 Minuten
➤ *Für die schlanke Linie*

Diese Basics brauchen Sie:
1 Zweig Thymian
200 g Sauerampfer (1 Bund)
(Porträts ↻ Seite 42, 40)

Die restlichen Zutaten:
400 g Blattsalate der Saison
12 rohe, ungeschälte Riesengarnelen(ersatzweise 12 küchenfertig tiefgefrorene, aufgetaute Riesengarnelen)
1 Eigelb
1 TL Senf
250 ml Olivenöl
100 ml Weißweinessig
50 g Zucker
1 EL Crème fraîche
Salz, Pfeffer
1 EL Olivenöl für die Pfanne
Schale einer halben unbehandelten Zitrone
1 TL Knoblauchöl

Saltimbocca im Parmaschinken

mit Schnittlauch-Butterfenchel

Für 4 Personen

Sie brauchen dazu 40 Minuten
➤ *Klassiker auf neue Art*

Diese Basics brauchen Sie:
1 Bund Schnittlauch
4 Salbeiblätter
(Porträts *Seite 41, 38)*

Die restlichen Zutaten:
2 Fenchelknollen
2 EL Olivenöl
80 ml Weißwein
50 g Butter
1 TL gemahlene Muskatblüte
Salz, schwarzer Pfeffer aus der Mühle
600 g Kalbsfilet
Salz, Pfeffer
40 g Mehl
1 Ei
100 g geriebener Parmesan
4 große Scheiben Parmaschinken
4 EL Olivenöl

1 Fenchel in Streifen schneiden, im Olivenöl anbraten, mit dem Weißwein ablöschen. Die Butter zugeben und etwa 15 Min. köcheln lassen.

2 Schnittlauch schneiden und zum Fenchel geben. Mit Salz, Pfeffer und gemahlener Muskatblüte würzen.

3 Das Kalbsfilet in 4 gleich große Portionen teilen, plattieren und mit Salz und Pfeffer würzen. Jeweils mit 1 Salbeiblatt belegen und einrollen.

4 Rollen in Mehl wälzen und in einer Mischung aus Ei, Mehl und Parmesan panieren. Panierte Röllchen in je eine Scheibe Parmaschinken wickeln.

5 Olivenöl erhitzen und die Saltimbocca etwa 3 Min. pro Seite backen. Mit dem Schnittlauch-Butterfenchel anrichten.

Limonen-Soufflé

auf Frucht-Ragout mit Waldmeisterschaum

Für 4 Personen

Sie brauchen dazu 1 Stunde 15 Minuten
➤ *Für Geübte*

Diese Basics brauchen Sie:
70 g Waldmeister (1/2 Bund)
4 Pfefferminz-Zweige
(Porträts ↻ Seite 43, 35)

Die restlichen Zutaten:
1 Mango
200 g Physalis-Früchte (250 g im Schälchen)
30 g Puderzucker
120 g Quark
2 Eigelb
2 Eiweiß
80 g Puderzucker
2 Limetten
80 g Butter
1 EL Zucker
100 ml Milch
50 g Puderzucker
100 g Crème double
200 g Sahne

1 Backofen auf 200 °C vorheizen. Die Mango schälen, vom Kern befreien und das Fruchtfleisch in feine Würfel schneiden. Die Physalis von der Hülle befreien und die Früchte vierteln. Fruchtwürfel mit Puderzucker mischen.

2 Quark, Eigelb und Puderzucker miteinander verrühren. Limettenschale abreiben, Saft auspressen und beides unter die Masse rühren. Eiweiß schlagen und unterheben.

3 4 Souffléförmchen mit zerlassener Butter auspinseln und mit Zucker bestreuen. Quarkmasse gleichmäßig auf die Förmchen verteilen. Eine flache feuerfeste Form 1 cm hoch mit Wasser füllen, Soufflés hineinstellen und 12–15 Minuten im Ofen backen.

4 Waldmeister und Puderzucker in der Milch aufkochen, etwas ziehen lassen, abseihen und erkalten lassen. Crème double und steif geschlagene Sahne unterheben.

5 Minze fein hacken und unter das Fruchtragout mischen. Fertige Soufflés auf Waldmeisterschaum mit Fruchtragout anrichten. Mit Puderzucker bestreuen.

Asiatische Miso-Suppe
mit Zitronenduftgeranie

1 Die Geflügelbrühe mit der Miso-Paste aufkochen, etwas ziehen lassen und durch ein Sieb schütten.

2 Karotte und Fenchel schälen, in feine Streifen schneiden. Zuckerschoten waschen. Gemüse und Nudeln jeweils etwa 3 Min. in kochendes Wasser geben und in Eiswasser abschrecken.

3 Karotte, Fenchel, Zuckerschoten, Nudeln und Bonitoflakes gleichmäßig auf vier Suppenschalen oder -tassen verteilen.

4 Chilischote entkernen, in feine Würfel schneiden und auf die Tassen verteilen. (Vorsicht, keinesfalls die Hände in die Nähe der Augen oder Schleimhäute bringen. Am besten Hände sofort gründlich waschen.)

5 Die Blätter der Zitronenduftgeranie fein hacken, auf die Tassen verteilen. Die heiße Miso-Suppe darüber schütten und sofort servieren.

Für 4 Personen

Sie brauchen dazu 25 Minuten
➤ *Für die schlanke Linie*

Diese Basics brauchen Sie:
10 Blätter von der Zitronenduftgeranie
(Porträt ↻ Seite 44)

Die restlichen Zutaten:
1 l Geflügelbrühe
2 EL Miso-Paste
1 mittelgroße Karotte
1 kleiner Fenchel
100 g Nudeln (Asia-Nudeln oder Spaghetti)
1 Tl Bonito-Flakes (getrockneter Thunfisch)
50 g Zuckerschoten
1 frische Chilischote
1 EL Sesamöl

Rigatoni in Kürbissauce

mit Zitronenmelisse

Für 4 Personen

Sie brauchen dazu 40 Minuten
➤ *Gelingt leicht*

Diese Basics brauchen Sie:
100 g Zitronenmelisse
(Porträt *Seite 45)*

Die restlichen Zutaten:
1 kg Kürbis
1 Lauchstange
50 g Butter
100 ml Weißwein
400 ml Geflügelbrühe
300 g Sahne
Salz, schwarzer Pfeffer aus der Mühle
Muskat
500 g Rigatoni

1 Den Kürbis schälen, die Kerne herauskratzen und das Fleisch in kleine Würfel schneiden. Die Lauchstange sorgfältig waschen und in feine Röllchen schneiden.

2 Die Butter in einem großen Topf zerlassen, die Lauchstange etwa 5 Min. bei geringer Hitze dünsten. Die Kürbiswürfel zugeben und anbraten. Wein, Brühe und Sahne angießen und alles so lange kochen lassen, bis der Kürbis weich ist. Dann auf 1/3 der Menge einkochen.

3 Mit einem Stabmixer alles pürieren, durch ein Sieb passieren und mit Salz, Pfeffer und Muskat abschmecken.

4 Die Zitronenmelisse wenn nötig waschen, trockentupfen, die Blätter abzupfen und in feine Streifen schneiden. Über die Kürbissauce streuen.

5 Die Rigatoni in einem Topf in Salzwasser »al dente« kochen, abschütten. Nudeln auf vier Teller verteilen, die Kürbissauce darüber verteilen und kurz umrühren.

Die 22 Kräuter im Überblick

Name des Krauts	Verwendung in der Küche	Verwendete Teile	Haltbar machen	Schmeckt gut zu	Rezepte siehe
➤ Basilikum	frisch	Blätter	einfrieren, einlegen	Salat, Tomaten, Suppe, Dessert, Pasta, Fisch, Fleisch	➤ S. 20
➤ Estragon	frisch	Blätter, Triebe	einfrieren, einlegen	Fisch, Salat, Geflügel	➤ S. 23
➤ Kapuzinerkresse	frisch	Blüten	einfrieren	Salat, Geflügel, Fisch, Fleisch	➤ S. 26
➤ Knoblauch	frisch, getrocknet	Knolle	einlegen	Suppe, Salat, Fisch, Fleisch, Geflügel, Pasta	➤ S. 24
➤ Koriander	frisch	Blätter, Samen	einfrieren, trocknen	Suppe, Salat, Geflügel	➤ S. 25
➤ Kresse	frisch	Blätter	einfrieren, einlegen	Fisch, Salat, Geflügel, Suppe	➤ S. 26
➤ Lavendel	frisch	Blüten; Blätter	einfrieren	Desserts, Geflügel, Fisch	➤ S. 29
➤ Lorbeer	frisch, getrocknet	Blätter	trocknen	Fleisch, Fisch, Geflügel, Suppe	➤ S. 30
➤ Majoran	frisch, getrocknet	Blätter, Triebe	trocknen	Fleisch, Suppe, Geflügel	➤ S. 30
➤ Orangenduftgeranie	frisch	Blätter, Blüten	einfrieren, einlegen	Gemüse, Dessert	➤ S. 31
➤ Oregano	frisch, getrocknet	Blätter, Triebe	trocknen	Fleisch, Pizza, Pasta, Fisch	➤ S. 32
➤ Petersilie	frisch	Blätter	einfrieren, einlegen	Gemüse, Salat, Pasta, Geflügel, Fleisch, Fisch	➤ S. 34
➤ Pfefferminze	frisch	Blätter	einfrieren, einlegen	Fleisch, Desserts	➤ S. 36
➤ Rosmarin	frisch, getrocknet	Blätter, Triebe	trocknen, einlegen	Fleisch, Gemüse Geflügel, Kartoffeln	➤ S. 37
➤ Rucola	frisch	Blätter	einfrieren, einlegen	Gemüse, Salat, Pasta	➤ S. 39
➤ Salbei	frisch, getrocknet	Blätter	trocknen	Fleisch, Fisch, Kartoffeln	➤ S. 40
➤ Sauerampfer	frisch	Blätter	einfrieren, einlegen	Fleisch, Suppe, Salat, Fisch, Geflügel	➤ S. 41
➤ Schnittlauch	frisch	Blätter	einfrieren	Salat, Eier, Fisch	➤ S. 42
➤ Thymian	frisch, getrocknet	Blätter	trocknen	Fleisch, Fisch, Geflügel, Suppe	➤ S. 40, 41
➤ Waldmeister	frisch	Blätter, Triebe	einfrieren, einlegen	Desserts, Bowle	➤ S. 44
➤ Zitronenduftgeranie	frisch	Blätter, Blüten	einfrieren	Desserts, Suppe	➤ S. 45
➤ Zitronenmelisse	frisch	Blätter	einfrieren, einlegen	Salat, Desserts	➤ S. 46

Ab hier geht es weiter mit Profitipps zur richtigen Pflege und Gestaltung auf Fensterbank, Balkon und im Garten.